A

il a : voyés avoir
il y a un Dieu, tournés ; un Dieu est

A entre deux verbes ne s'exprime point : exemple
je Commence à travailler. On dit Voilà que je commence
ce que je travaille ;

lorsque A signifie le lieu Comme aux champs
à la Cabanne, il s'exprime par, qué ; Ex :
à la campagne, Kahentägué ;

Ab

aBaisser   Les verbes n'ont point d'infinitif
aBaissé   hektagué öhagitti, C'est à dire, amené, à terre,
             présent   hektagué ba signifie
j'abaisse   hektagué ba hakagitta   à terre, ou hektagué
tu abaisse   hektagué ba hacha gitta   Simplement
il abaisse   hektagué ba ha hagitta   Duel
nous ab.   hektagué ba agga hagitta   nous   agui hagitta
vous abai.   hektagué ba Isa hagitta   vous   dzi hagitta
ils abaiss. hektagué ba hati hagitta   ils   bi hagitta

             Prœterit parfait   Duel
j'ai abaissé hektaguchi bakagitti
tu as abaissé hektaguchi hachagitti
il a abaissé hektaguchi hahagitti
nous avons   hektaguchon Igahagitti   nous   agui hagitti
vous avés   hektaguchi Isahagitti   vous   dzi hagitti
ils ont   hektaguchi hati hagitti   ils   bi hagitti

             Prœterit imparfait
j'abaissois   hektagué kagittakksa
tu abaissois hektagué chagittakksa   Duel
il abaissoit hektagué hagittakksa
nous abaiss. hektagué agga hagittakksa   nous   hagui hagittakksa
vous ab.   hektagué Isa hagittakksa   vous   dzi hagittakksa
ils ab.   hektagué hati hagittakksa   ils   bi hagittakksa

Ab

prætérit plus q. parfait

			Duel
j'abaisserois	hektaguéha hakkagitta		
tu abaisserois	hektaguéha hahagitta		
il abaisseroit	hektaguéha hahagitta		
Nous abaisserions	hektaguéha hedgahagitta	Nous	abedihagitta
Vous abaisseriez	hektaguéha hessahagitta	Vous	à hedihagitta
ils abaisseroient	hektaguéha hahatihagitta	ils	abihagitta

futur

			Duel
j'abaisserai	hektaguéha enkkagitta		
tu abaisseras	hektaguéha enthagitta		
il abaissera	hektaguéha enehagitta	Nous	endihagitta
Nous abaisserons	hektaguéha endgahagitta	Vous	eddjihagitta
Vous abaisserez	hektaguéha ensonahagitta	ils	enbihagitta
ils abaisseront	hektaguéha enhatihagitta		

imperatif

			Duel
abaisse	hektaguéha sagitta		
qu'il abaisse	hektaguéha hahagitta		
abaissons	hektaguéha haggahagitta	Nous	haguihagitta
abaissez	hektaguéha sgahagitta	Vous	dzihagitta
qu'ils abaissent	hektaguéha hatihagitta	ils	bihagitta

+ transpassé

	Prætérit plus que parfait		
j'avois abaissé	Ektaguéha kagittihna		
tu avois abaissé	Ektaguéha sahagittihna		Duel
il avoit abaissé	Ektaguéha ohagittihna	Nous	haguì
Nous avions abaissé	Ektaguéha onggahagittihna	Yous	dzi
Vous aviez abaissé	Ektaguéha sgahagittihna	eux	biha
ils avoient	Ektaguéha hatihagittihna		

imparfait		Subjonctif	aba
j'abaisserois	Ektaguëha,	hahagitta	Ces trois temps sont les seuls usités
tu abaisserois	Ektaguëha,	hachagitta	Du Subjonctif
il abaisseroit	Ektaguëha,	hahagitta	
Nous abaiss.	Ektaguëha,	hayagyahagitta	
Vous abaiss,	Ektaguëha,	hésewahagitta	
ils	Ektaguëha	haharihagitta	

plusq. parfait

j'aurois abaissé	hektagueha	enkkagittihna	
tu aurois &c	hektaguëha	hésahagittihna	
il auroit	hektagueha	hahohagittihna	
Nous aurions	hektaguëha	ayongyahagittihna	
Vous auriez	hektaguëha	héswahagittihna	
ils auroient	hektaguëha	ahorihagittihna	

futur

j'aurai abaissé	hektaguëha	Enkahagittik	
tu auras abaiss.	hektaguëha	Ensahagittik	
il aura abaissé	hektaguëha	Enhohagittik	
Nous aurons	hektaguëha	Enhiongyahagittik	
Vous aurez	hektaguëha	Enswahagittik	
ils auront	hektaguëha	Enhorihagittik	

Abatement; ne se dit point
Abatis tas d'arbres abatus, Korhadiagui

abatre	abas par terre		Ektagué vel ektaguëha
j'abas	guerhiënentha	Nous abatons	aggarihënentha
tu abas	cherhiënentha	Vous abatés	swarihënentha
il abas	harhiënentha	ils abatent	hatirihënentha

imp.
abas seriënentha
abatu horiënenthi

Abᵃ

	aBatre un arbre	
j'abas	grondiakch	nous abatons, ag̃arondiakch
tu abats	chrondiakch	Vous abates, s̃garondiakch
il abat	harondiakch	ils abattent, harondiakch

	abois, être aux	abois
je suis aux abois	agadatchensek	Nous sommes &c onggadatchensek
tu es aux abois	chadatchensek	Vous etes &c s̃gadatchensek
il est aux abois	hadatchensek	ils sont &c hon̈adatchensek

	abois aboyement	n'est dit point
	Aboyer	
j'aboyu	kuehniaha	Nous aboyons, onggahniaha
tu aboyu	chehniaha	Vous aboyez s̃gahniaha
il aboyu	ahnieha	ils aboyent, otihnieha

Abeille   konakkont

Abhorrer   Voyez haïr

Abisme,   hotonhsentgiagui

Abolir

j'abolis	s̃grig̃attonta	nous abolissons, ag̃garig̃attonta
tu abolis	s̃chers̃attonta	Vous abolisés s̃garig̃attonta
il abolit	s̃aheris̃attonta	ils abolissent, shatiris̃attonta

Abominable   kahetkuri gona

abomination
abondamment   } ne se disent point
abondance

aborder

Singulier			Pluriel	
j'aborde	konhadinha	Nous ab.	gahagga honadinha
tu aborde	chonhadinha	Vous ab.	8e sga honhadinha
il aborde	hahonhadinha	ils abordent	ga hati honhadinha

Prœterit imparfait

j'abordois	konhadisqua	Nous	agga honhadisqua
tu abordois	chonhadisqua	Vous	sga honhadisqua
il abordoit	ahonhadisqua	ils	hati honhadisqua

Prœterit parfait

j'ai abordé	hakonhadihi	Nous	ongra honhadihi
tu as abordé	sahonhadihi	Vous	sga honhadihi
il a abordé	ohonhadihi	ils	hati honhadihi

Prœterit plusq: parfait

j'abois abordé / avois	hakonhadihihna	Nous	ahedga honhadihihna
tu abordé avois	hachonhadihihna	Vous	ahe sga honhadihihna
il abordé avois	ahahonhadihihna	ils	ahati honhadihihna

Futur

j'aborderai	Enkonhadinha	nous	End gahonhadinha
tu aborderas	Enchonhadinha	Vous	Enssa honhadinha
il abordera	Enchahonhadinha	ils	Enhati honhadinha

Subjunctif

Le prisent Comm'a l'actif

j'aborderois	hakonhadihna	Nous	ahodga honhadihna
tu aborderois	huchonhadihna	Vous	ahesga honhadihna
il aborderois	hahonhadihna	ils	ahati honhadihna

Prœterit impar:

Le prœterit parfait Comme a l'actif

abo

		prétérit plus q; parfait;	Pluriel
j'aurois abordé	ahonkongaditihna	Nous,	ahiongsahongaditihna
tu aurois abordé	hesahongaditihna	Vous,	hassahongaditihna
il auroit abordé	ahahongaditihna	ils,	ahotihongaditihna

Futur

j'aurai abordé	ahonkenhadihik	Nous	ahiongsahonhadihik
tu auras abordé	hesahonhadihik	Vous	hatiosgahonhadihik
il aura abordé	ahahonhadihik	ils	ahotihonhadihik

Imperatif

aborde songadinha
pluriel
abordez Isahongadinha
les autres personnes
Comme au present.

aboutir,

un clou qui aboutit ou
qui perce ;
Cela aboutit la, tōhōdōkta
sì le aboutit la, tōnin hotgennokta

aBreuer

j'abreue	Kueneguirhata,	Nous	aggsaneguirhata
tu abreue	cheneguirhata ;	Vous	Isaneguirhata
il abreue	chagoneguirhata,	ils	hasineguirhata

aBreger   un discours, crisaggatta

j'abrege	grisaggatta,	Nous	aggsarigagsatta
tu abrege	chrisaggatto		Isarigagsatta
il abrege	harisaggatta		hotirisaggatta

imparf.	j'abregeois,	grisaggattakksa
parfait	j'ai abregé	agrisagsatti
plusq;	j'avois abregé	agrisagsattihna
futur	j'abregerai	ingrisagsatta
subjonctif imp.	j'abregerois	ahagrisagsatta
plusq;	j'aurois abregé	aongrisagsattihna
	tu aurai abregé	aongrisagsattik

Cela abregu toujours
Agalian riagsattianiks

abr

abri ōtkahronla
je cherche un abri
je suis a l'abri	hechakeh, agadassëta,	nous	aggichakeh, agagsadasseta
tu es a l'abri	chechakeh, sadaseta,	vous	srechakeh, ésgadaseta
il est a l'abri	chechakeh, ahadasetta,	ils	henechak, à hennadasetta

abricot inconnu parmi eux

abrutir rendre bête ...... abruti

j'abrutis	kedochia	nous, onggendechia
tu abrutis	chedechia	vous, 1sendechia
il abrutit	chagodechia	ils, ōtidechia

abcès

absent **absence** son absence m'afflige ils disent je
hiate henderon   suis nsligh deleguel est absent;
il n'y en pas   gaknigonkarenba heyaté henderon

je suis absent	hiate gudderon	nous, hiate onggenderon
tu es absent	hiate chideron	vous hiate isenderon
il est absent	hiate henderon	ils hiate hatideron

s'absenter

absolu haderiga gonda chlor henenk honnionk

s'abstenir d'une chose qu'on se repend d'avoir fait

je m'abstiens	gadatregatta	nous aggadatregatta
tu t'abstiens	chadatregatta	vous sgadatregatta
il s'abstient	hadatregatta	eux hatidatregatta

quoique se remette point lequel achagi; verbe que je
conjuge Neamoins comme il differe toujours du pluriel
il faut y prendre garde dans le discours,
Ex: au lieu du pluriel, agga; nous hagui
nous sga; il faut dzi
hati; ils hi
et chacun pourra facilement le conjuguer

Abs

abstenir, l'impératif abstiens toi et
toutes les autres personnes s'expriment par
la négation aksi; ne &

abstinence, Yoser, jeuner

Abuser tromper quelqu'un

j'abuse	kmigonrhatanik	Nous	agsanigonrhatanik
tu abuse	chsnigonrhatanik	Vous	tsanigonrhatanik
il abuse	chagonigonrhatanik	ils	hatinigonrhatanik
imp. j'abusois	kenigonrhatanikka		
pass. j'ai abusé	kenigonrhatani		
plusq. j'avois abusé	akenigonrhatanikna		
futur j'abuserai	enkenigonrhatin		
subjonctif			
j'abuserois	akenigonrhatin		
j'aurois abusé	akenigonrhatanima		

Abyme hoton gentgiagui

abimer, se tombe dans un abyme

j'abime quelqu'un	hadekueradietta	Nous	hadedssaradietta
tu abime	hadecheradietta	Vous	hadessaradietta
il abime	hadechagoradietta	ils	hadehotiradietta

aca

	acablé Deperaqueur	Desyottohagui
j'acable	Dekuettohahach	De aggattohahach
tu acable	Dehettohahach	Dessattohahach
il acable	Dechagottohahach	Dehotittohahach

	acablé De chagrin	Les Verbes qui
je suis acablé de	De enquerien Danin seron	se terminent en
tu es acablé de	Desarien Danin seron	hach.. font
il est acablé	Dehorien Danin seron	hagui au présent
		par fais

ACC

accepter

j'accepte	guiëna		nous	ngayëna
tu acceptes	chiëna		vous	sgayëna
il accepte	hayëna		ils	hatiyëna

Prétérit imp.   guienach kya
    j'acceptois

P. P. j'ai accepté   saguiëna

Impératif

p. plusq. j'avois accepté   saguienanna   guienak   je

fut. j'accepterai   enguiëna   dziëna   tu

Subjonctif   hayënak   lui

   j'accepte   dsayëna   nous

imp. j'accepterois   aguiëna   ssaepana   vous

plus. j'aurois accepté   a onguienanna   hatiyëna   ils

fut. j'aurai accepté   a onguienak

Accident, tchanora hasenha   C'est à dire manière dont la chose est

je suis de facile   Cet accident est fâcheux
accès gatondatchkon   ganoron tcha nonsenha

tu es chatond.   **Accès** de facile accès. Voyez Ne rebuter personne

il est hatondatchkon

---

accommodant hòtoguen

je suis accommodant   haktoguensek

tu es accommod.   Satoguensek

il est accommod.   hatoguensek

S'accommoder, Bien ensemble avoir le même
esprit; saongui negenrada, sedgini &c; shahotinigon &c.

S'accommoder à l'humeur des autres
je m'acc. haguiendetchkon, sayendetchkon, hayendetchkon

S'accommoder V. S'ajuster. Se parer

ACC

accompagner,
j'accompagne	kenondadié	Nous	aggaNondadié
tu accompagne	chénondadié	Vous	sgaNondadié
il accompagne	chagonondadié	ils	hatinondadié

Prætérit imp.
j'accompagnois — kenonderadieskȣa

P. parfait
j'ai accompagné — kenonderadiëhi

imperatif
acompagne — sasenonderadie
Les autres Comme au présent.

P. plusqp. parfait
j'avois accompagné — kenonderadiehihna

futur
j'accompagnerai — enkenonderadies

Subjunctif
j'accompagnerois — akenonderadies

P. plusqp. parfait
j'eusse accompagné — asakenonderadiehihna

futur
j'aurai accompagné — akenonderadiehik

Accompli: homme accompli ronggȣdië
je suis accompli, gongȣé Dië. tu es accompli, chonggȣdië il est ronggȣdië
imperatif

Accord
Nous sommes D'accord, Jahonggarisatta,
Vous estes D'accord, sesgarihgatta
ils sont D'accord, sahatirigatta

accorder Consentir
j'accorde, ou j'y Consens	kkayenha	Nous	onggakayenha
tu accorde outu Consens	sakkayenha	Vous	sgakayenha
il accorde ou il Consent	hakkayenha	ils	otikayenha

accoster quelqu'un
j'accoste	aktaa sak tanha	Nous	aktaa sagidsatanha
tu accoste	aktaa sachtanha	Vous	aktaa sadisgatanha
il accoste	aktaa sathatanha	ils	aktaa sathatitanha

Acc

accoté gadirik

j'accote	gagadik	nous	gêdgadik
tu accote	gasadik	vous	gêsgadik
il accote	gahadik	ils	gahondik

accoucher

j'accouche	gadektonniouk	nous	aggadektonniouk
tu accouche	chadektonniouk	vous	sgadektonniouk
elle accouche	hadektonniouk	elles	honadektonniouk

s'accouder, desgagadionchötta, je Deshadionchötta
il s'accoude Dshadionchötta

s'accoupler

je m'accouple	gatkateraneguen	nous	gadiaggateraneguen
tu t'accouple	gatchateraneguen	vous	Desgateraneguen
il s'accouple	gathateraneguen	ils	gathonteraneguen

accourci

accourcir

j'accourcis	keksatha	nous	aggagsatha
tu accourcis	cheksatha	vous	hesgagsatha
il accourcit	haksatha	ils	ahatiggatha

~~Accourcir~~ Courcir

je m'accourcis

je m'accourcis	gadateggatha	nous	aggadateggatha
tu t'accourcis	chadateggatha	vous	sgadateggatha
il s'accourcit	shadateggatha	ils	hatedateggatha

accourir

j'accours	Dondahagarattat	nous	Dondahaggarattat
tu accours	Dondahacharattat	vous	Dondahassarattat
il accourt	Dondahaharattat	ils	Dondahatirattat

Vel. Daktakhé Dakhkakhé Daharakhé

acc

	accoutumer		
je M'accoutume	gaguientenha	Nous	gōdgahiendenha
tu t'accoutume	gachiendenha	Vous	gōsgahiendenha
il s'accoutume	gahahiestenha	ils	hōtihiendenha

pretérit imper.			**imperalis**
je M'accoutumois	gaguiendenhakkga		sayentenha

pré. parfait
     je me suis accoutumé   haguiendehi

prater. plusqp. pas.
     je m'étois accoutumé   haguiendehibna

futur
     je m'accoutumerai   enguientenha

Subjonc:
   je m'accoutumerois   Dahaguientenha
   je me serois accoutumé   gahaguientehibna
   je me sera accoutumé

accro gterad3ion

			imperalis
j'aeroché	Diahotahagi		aeroche sōdahak
je m'aeroche	gaguiadohanha	pluriel	hedgayadohanha
tu t'aeroche	gachiadohanha		sgayadoha anha
il s'aeroche	gahayadohanha		hati yadoha anha

	accroupi honnohayenti		
je m'accroupis	guennogahienha	Nous	hagennogahienha
tu t'accroupis	chennogahienha	Vous	sgennogahienha
il s'accroupis	atiennogahienha	ils	hennogahienha

faire aeroire yoyez imposer
aeroitro yoyez augmenter

A. / ACC

accumuler
j'accumule — grohroch, Yel kehronha — nous aggahrohroch
tu accumule — chrohroch Yel chkkehronha — vous sgahrohroch
il accumule — hahrohroch Yel haguehronh — ils hahrohroch

Accuser quelqu'un
j'accuse — kenhostanik — nous aggarihostanik
tu accuse — cherihostanik — vous sgarihostanik
il accuse — harihostanik — ils hatirihostanik

Acheter
j'achette — kninonk — nous aggsaninonk
tu achette — chninonk — vous sganinonk
il achete — haninonk — ils hatininonk

Acheué – kachiahi
j'acheue — gaguechāa — on. onggachāa
tu acheue — chechāa — s. sgachāa
il acheue — gahachāa — o. otichāa

Acier — onsonderakkga

s'acquiter, avjeu — **S'acquiter payer**
je m'acquite — sagatogga — gakkarokta
tu t'acquite — sahatogga — sagarokta
il s'acquite — sahatogga — hogarokta

Actif, agissant, il est goyadatet
j'aguiois — haguiadatez sayadatet — **pluriel**
actuellement, — ongaagarocta
onkken gsato. — sagarocta
— hotigarocta

ada

Adouci, rendu Doux, Kahrodinchtt

J'adoucis	Krodinchta	nous	aggarodinchta
tu adoucis	chrodinchta	vous	skarodinchta
il adoucit	karodinchta	ils	hatirodinchta

Adouci appaisé, Shonaksendahi

j'adoucis	Skenaksendas	nous	tehiongganaksend.
tu adoucis	tchenaksendas	vous	Nissanaksendas
il adoucit	tchagonaksendas	ils	Shotinaksendas

si j'l'adoucis / sagadatnaksendas

adjacent (Contigu); chiahotihi

adieu; onin

admirable Bon ogati; admirable, Celaesétou... / sanigonkenheyat

admirer

J'admire	gucktonk	nous	aggaktonk
tu admire	chektonk	vous	Isaktonk
il admire	haktonk	ils	hatiktonk

Adolescent hakchiatasse

Adopté, Dehatkonhen / ke

J'adopte;	gatkonhen
tu adopte;	gatchekonhen
il adopte	gathakonhen

J'adosser, se tourner le Dos
Kechonsadeni, chechonsa, &c
ils sont adossés;
Dehonatchensatenion

Adroit, Que hayennio

Je suis	gueyennio
tu est	cheyennio

ado

Adultere, Je Commets / Sapulture / Kienaksgaksa, / chenaksgaksa, / chagonaksgaksa.

Aff

		affable
Affable	kenongra yoden	yel gatoguenz
		satoguenz, hatoguenz

garisa
Affaire C'est unne Bonne affaire
garisihiō,

Mauvaise affaire   garisa hetkuen

Je racommode unne Affaire
   je   tu   il
grisacheronniaha, cherisacheroniaha harisacho

Je gate unne affaire
   je   tu   il
grisahetkuenta, cherisahetkuenta harisahetkra

Affaire de Consequence   garisatoron

Affaire
J'ai affaire   sagniodensero   Nous ongya yodensero
tu as affaire saiyodenseré   Vous sgayodensero
il a affaire   hoyodenseré   ils   hotiyodensero

Affaise Cela s'affaise — hatadgiorceh
                                 je suis   tu es
il est Affamé hochis,   kuchis   sachis
J'affame kuéchis   Nous ongrachis
tu affame chéchis   Vous sgachis
il affame chagochis   ils   hotichis

Jil est Affecté, hadatkonnienehka,   tu es affecté
Je suis affecté gadatkonnienehta,   chadatkonnienehta
                                     je   tu   il
J'affecte je sais exprés; saguetta, sachetta, saretta

Affirmer.
J'affirme grisatoguenta   Nous aggarisatoguenta
tu affirme chrisatoguenta   Vous sgangatoguenta
il affirme harisatoguenta   ils   hotirisatoguenta

Aff

	affermi	Skaniti		
j'affermis	knita	j'affermis mon discours		
tu affermis	chnita	garadxenna nitta		
il affermit	hanita			

	Affilé	Kahiotion		
j'affile	knihiotionk	nous	aggahiotionk
tu affile	chihiotionk	vous	sgahiotionk
il affile	ahiotionk	ils	hatihiotionk

pres. impar.	j'affilois	kuihiotionkksa		
pre. past. j'ai affilé	gakiotihion		Imperatif	
pre. plusq. j'avois affilé	ahiotionna		affile	Dgiotion
futur j'affilerai	Enkiotion			
subjonctif pres. impar. j'affilerois	hakiotion			
pre. plusq. j'aurois affilé	haonkiotionna			
futur j'aurai affilé	agakiotionk			

	Affligé	haknigonkuenheyon		honigonkuenheyon
je suis	j'affligeois	jaknigoikuenheyon, iles2a		
j'afflige	gadatnigonkuenheyons		aggadatnigonks,	
tu t'afflige	chadatnigonkuenheyons		sgadatnigon—	
il s'afflige	hadatnigonkuenheyons		Dehonadatnigon,	
j'afflige quelqu'un	knenigonkuenheyatn		aggamigonken &	
tu afflige	chenigonkuenheyatn		sganigonken—	
il afflige	chagonigonkuenheyatn		hatinigonken &

Aff

Affligeant cela est affligeant, Königonkenhiyata

Affoibli, Kahrödinchtä
je suis affoibli haguiatakenheyons, Sayatakens, öyatakew lui il est
je affoiblis qlchose, krödinchtä — Nous aggarödinchtä
tu affoiblis — chrödinchtä — Vous Sgarödinchtä
il affoiblit — harödinchtä — ils hotirödinchtä

Affranchir donner la liberté
                                                     Pluriel
j'affranchis Kechärondagsach
tu affranchis chechärondagsach
il affranchit chagochärondagsach

Affreux kahetken, göna

Affront, faire affront
je fais affront Keyatchatä — Nous aggayatchata
tu fais affront cheyatchatä — Vous Sgayatchata
il fait affront chagoyatchatä — ils hotihiatchata
                                               Vol Chagonatchata

Affronter les hasards
j'affronte Knenrenta chenrenta hanenrenta

Affût Deyénenrayen Dakksa

Afin; n'est point usité, je me corrige afin de me
                                    rendre sage; On tourne;
                                  je me corrige, je serois pour rendre
                                  sage

Aga

Agacer   Pluriel
j'agace ketksaronksanik — haggaksaronksanik
tu agaces chetksaronksanik — Sgatksaronksanik
il agace chagotksaronksanik — hatiksaronksanik

Age quel age as tu, il faut tourner depuis
Combien d'hivers ou d'étés est tu né
tonio guenhague? chi chnaguere? il est
je suis le plus Agé Ikkoanen, isetkoanen, ahonrhya hakoanen
je suis le moins Agé i haguehtoui — Sachtsi ahonrhya hochtsi

AG

Nous sommes de la même age, Sadediongniadoti,
Vous estes de la même age, Sadedidgiadoti,
ils sont de la même Age, Sadetönatoti,

AGENOUX

Je m'agenouille	Degatonsköta	nous	Dehaggalonskota
tu t'agenouille	Dechalonskota	Vous	Dessalonskola
il s'agenouille	Dehalonskola	ils	Dehonalonskota

agrandi

J'agrandis	Këkohanata	nous	agrakohanata
tu agrandis	chekohanata	Vous	Sgakohanata
il agrandit	hakohanata	ils	hatikohanata

Agresser attaquer

J'agresse	gatierenta Kenenrenstanik
tu agresse	Decheyatchotgach
il agresse	Dehagotchotgach

Agile

Je suis agile	haguiadatet	nous sayadatet	il est agile oyadatet

Agir

J'agis	haguiödö	nous	aggayodö
tu agis	sayödé	Vous	sgayodö
il agit	höyödö	ils	hatihiödö

agité parle avec

Je m'agite	gadialaguenrick	Nous	aggadiasaguen
tu t'agite	sayalaguenrick	Vous	sgadiata
il s'agite	oyataguenrick	ils	ondiataguenrick

ag

j'agite quelqu'un	keyataguenriek	Nous	agsayataguenriek
tu agite	cheyataguenriek	Vous	Sgayataguenriek
il agite	chageyataguenriek	ils	hatiyataguenriek

ago

Agoniser

		tu agonis...	il n...
j'agonise	guiheyonsere	chiheyonsere	henheyonsere

agr

		Cela est agreable	Kahonsesksat
je suis...	agreable, ongonsesksasik,	Jel	agonseskgas

s'aguerrir

je m'aguerris	hagueskenraguettat	sagatonniaha
tu t'aguerris	sachkenraguettat	chatonniaha
il s'aguerrit	hachkenraguettat	hatonniaha

ah

ah, hahi

aid

Aider a quelqu'un

j'aide	keyenagasek	nous	agsayenagasek
tu aide	cheyenagasek	vous	Sgayenagasek
il aide	chagoyenagasek	ils	hatiyenagasek

		Imperatif	
je t'aide	gonyennagas	aide Moi	Daguienagas
tu m'aide	chkiennagas	aide Lui	hedziennagas
je l'aide	heyennagas		
il m'aide	haguiennagas		
tu l'aide	hacheyennagas		
il t'aide	hiahiennagas		
il l'aide	hoyennagas		

aig.

Aigle tonnionda yet skatgihërona
Aiglon sehtouachia skatgihërona
aigre Deyoyodziih
Cela a aigri, Ken Deyoyodziih
aigu öyongaha
aiguille Degaderon sarongotta
aiguisé kahiotion
aiguiser

		nous	
j'aiguise	kiotionk	nous	aggayotionk
tu aiguise	chiotionk	vous	skayotionk
il aiguise	ahiotionk	ils	hatiyotionk

ail hönoncha
aille höyata
ailleurs heren

			ils	il est
jesuis	aimable	agnonget	sanonget	honorat

aimer quelqchose j'aime tu aime il aime
                  gnonges chnonges hanonges

j'aime quelqu'un	kenonges		agganonges
tu aime	chenonges	pluriel	souanonges
il aime	chagononges		hatinonges
j'aimois	Kenongeskja		hagganongeskja
tu aimois	chenongeskja	pluriel	souanongeskja
il aimois	chagonongeskja		hatinongeskja

ai

		Plurier
preterit parfait j'ai aimé	kenonsëhi	agganonsëhi
tu as aimé	chenonsëhi	jsanonsëhi
il a aimé	chagononsëhi	hatinonsëhi

Preterit plusque parfait
j'avois aimé	kenonsëhihna	nous	aggranonsëhihna
tu avois aimé	chenonsëhihna	vous	jsanonsëhihna
il avoit aimé	chagononsëhihna	ils	atinonsëhihna

futur
j'aimerai	enkenonsenha	nous	enhagganonsenha
tu aimeras	enchenonsenha	vous	ensganonhsenha
il aimera	enchagononsenha	ils	enhatinonsenha

Subjonctif

imparfait
j'aimerois	akenonses	nous	ayagganonses
tu aimerois	achenonses	vous	hessanonses
il aimeroit	ahenonses	ils	ahatinonses
	vel achagononses		

plusq. parfait
j'aurois aimé	akenonsëhihna		ayagganonsëhihna
tu aurois aimé	achenonsëhihna		hessanonsëhihna
il auroit aimé	ahenonsëhihna		ahotinonsëhihna
	vel achagononsëhihna		

futur
j'aurai aimé	akenonsëhik		ahedganonsëhik
tu auras aimé	achenonsëhik		ahesganonsëhik
il aura aimé	achagononsëhik		ahotinonsëhik

j'e t'aime	gonnenses		
tu m'aimes	chkenonses		ju l'aime	hechenonses
je l'aime	henonses		il l'aime	hianonses
il m'aime	hagnenses		il l'aime	hononses

aim

Plurier		Duel
Dehaggatadenonseb	Nous nous aimons,	Dehiaguiatadenons
Desgatadenonseb	Vous vous aimés	Dedgiatadenonses
Dehontadenonses	ils s'aiment	Dehiwladenonses

Ain, gachagiwonchera

L'aine enondadihri

ainé hagöanaw, yoya ayé.

Cela est, Ainsi Ne ö na ria senha

Ajouter

j'ajoute gassonderaha	Nous, ugassonderaha
tu ajoute chassonderaha	Vous, ssassonderaha
il ajoute hassonderaha	ils hassonderaha

Air gendel

En l'air, henkeru

aire hektagué

Se Donner Des airs

je me Donne, gadatkonnienchta

tu te Donnes, chadatkonnienchta

il se Donne, hadatkonnienchta

je suis Aise gatchennonniaha, tu es chatchennonniaha

aisé hiaté honhie

Aiselle hohontagensa

Ajusté odiatcheronni

je m'ajuste gadiadacheronniaha

tu t'ajuste chadiadacheronniaha

il s'ajuste hadiadacheronniaha

AIM

Pluriel
Dehaggatadenonsses Nous nous aimons, Dchiaguiatadenonss
Dissatadenonsses   Vous vous aimés Dedziatadenonss
Dchonta Dinonsses. ils s'aiment   Dchiotadenonsses

Ain, gaehasivontcheras

L'aine Enondadikri

ainé hagöanan, voyes Agé.

Cela est, Ainsi Neïonarinsenha.

Ajouter vendre
j'ajoute gassonderaha Nous, uyeassonderah
tu ajoute chassonderaha Vous, ssassonderaha
il ajoute hassonderaha   ils hassonderaha

Air vendet

En l'air, henkesv

aire hektagué

Se Donner Des airs

je me Donne gadatkonnienchta
tu te Donnes chadatkonnienchta
il se Donne hadatkonnienchta

               tu es
je suis Aise gatchennonniaha, chatchennonniaha
               hatchen.

aisé hiaté hontit

Aiselle hohontia gen sa.

Ajusté odiatcheronni

je m'ajuste gadiadacheronniaha
tu t'ajuste   chadiadacheronniaha
il s'ajuste   hadiadacheronniaha

ai

j'ajuste quelqun

		Pluriel
	keyatacheronniaha	aggayadacheronniaha
tu ajuste	cheyatacheronniaha	sgayadacheronniaha
il ajuste	chaacyatacheronniaha	hatiyadacheronniaha
j'ajustois	keyatacheronnihakksa	*imperatif*
j'ai ajusté	keyatacheroni	ajuste seyadacheronni
j'avois ajusté	keyatacheronihna	
j'ajusterai	enkeyatacheronniaha	
j'ajusterois	akeyatacheronniaha	
j'aurois ajuste	akeyatacheronihna	
j'aurai ajusté	hakeyatacheronik	

alaité
alaiter

j'alaite	kenongserhata	nous	ogsanongserhata	
tu alaite	chenongserhata	vous	sganongserhata	
il alaite	chagonongserhata	ils	hatinongserhata	
j'alaitois	kenongserhatakksa		*Subjunctif*	
j'ai alaité	sakenongserhata		j'alaiterois	
j'avois alaité	kenongserhatihna		akenongserhata	
cutter j'alaiterais	enkenongserhata		j'aurois alaité	
			hakenongserhatihna	
			j'aurai alaité	
			hakenongserhatik	

Al

alarme, nous avons eu l'alarme; onkihatteronȣa

alarmer

j'alarme	Keyatterongȣach	nous
tu alarme	cheyatterongȣach	vous
il alarme	chagoyatterongȣach	ils
		Subjonctif
j'alarȣois	Keyatterongȣach Kȣa	j'alarmerois
		aKeyatterongȣach
j'ai alarmé	Keyatterongȣen	j'aurois alarmé
		ȣaKeyatterongȣenna
j'avois alarmé	Keyatterongȣenna	j'aurai alarmé
j'alarmerai	enKeyatterongȣach	

aleine garonȣaa   a racommodé des souliers onȣatta.koronkȣa

alentour Dediotȣatassé

termes D'guerre **alerte** ɤchariekȣadeȣ

je suis **alerte**, haguiadateȣ   *tu es* ɤayadateȣ   *il est* hoyadateȣ

alise fruit honenchtagȣenseȣ

je suis **alité**, guidagȣera, chidagȣera, hendagȣa

allegé Kakchté chayadi

j'**allege**, Kechté chayara, *indéclinable* chechtsɤ *tu* hachté *il*

aller

je vas	higueȣɤel ɤagueȣ	Nous allȣes	
tu vas	hichisɤɤaché	vous ɤesisɤes	
il vat	hires ɤahres	ils ɤahenres	

Al.

φalois	higueskga		imperatif
φai été	gaguetti	allons,	dzidné
φauois été	gaguettihna	allez	dzisné } duel
φirai	engué		plur.
		allons	hedzé
		allez	hessé
φirois	haaguetta	φeyas auec toi,	idné
φaurois été	a onguettihna	tu uas auec lui,	sessené
j'aurai été	a onguettik	je yas auec lui,	gaagné
		il ua auec lui	gahné
		je yas auec eua,	sayaggé
	aler a pied	j'uuas auec eux	dessgé
φeyas a pied	hektaguéchon higué	je yas auec nous	sedgé
	tu hiches hires; on ne	il uat auec nous	sasenné
	toujours hektaguechon	il yas auec eux	sahenné
	Deuant le verbe higué		
		S'en aler pour ne plus reuenir
	aller en Canôt	Sagatkonden, Sachatkonden
φeyas en Canôt	Kahongaguéchon; higué	& Sahakkonden
	aller en raquette	
φeyas en raquette	Kagengahaguechon higué & hiches hires
	lorsq; le verbe aler est joins a un autre verbe comme
	je yas boire je yas jouer & il s'exprime en mettans
	les trois lettres, hné a la fin du verbe Ex.
φeyas boire	Kneguihra hné
je yas jouer	gaskien hné
je viens regarder	kekton hné

al

	nos alliés	aṉgaladenonkȣa		
Mon allié	hagnonkȣa	ton allié echenonkȣa	son allié henonkȣa
	s'allier	faire alliance		
je m'allie	gataden onkȣa	nous	aṉgaladenonkȣa
tu t'allies	chataden onkȣa	vous	sgataden onkȣa
il s'allie	haradenonkȣa	ils	haridenonkȣa
prœterit imp	je m'alliois	gatadenonkȣakȣa		
Part.	je me suis allié	agadadenonkȣi		
Plusque pars.	je m'etois allié	gadadenonkȣihna		
futur	je m'allirai	engadadenonkȣa		
Subjunctif impar.	je m'allirois	agadadenonkȣa		
plusqp.	je me serois allié	ahoregadadenonkȣihna		
futur	je me serai allié	ongadadenonkȣik		

allité

| je suis allité | guiadaguera | tu es chiadagra | il est allité hodaguen |

allongé, hionsti

| je suis allongé | gadiataggsarichiahy | tu Sayatas | il hoyat |

je m'allonge

		Plurier
je m'allonge	gadiataggsarichchionch		
tu t'allonge	sayataggsarichchionch		
il s'allonge	hayataggsarichionch		
je m'allongeois	gadiataggsarichchionchkȣa		
je me suis allongé	agadiataggsarichchion		

all

J'allonge quelq; chose

J'allonge	konstha	nous	agyahionsta
tu allonges	chonchtha	vous	sgayonsta
il allonge	honstha	ils	hatihionsta

Allumette hetchichtondakksa

allumer, impératif allume Satchichtontin

J'allume	ketchichtontha	nous	agyatchichtonta
tu allumes	schichtonta	vous	sgatchichtonta
il allume	hatchichtontha	ils	onatchichtonta
			vel hatitchichtonta

Allure hayäna

alors töké

alouëtte ônêchiö

alte là destanha

faire alte V. petite repose

Je suis **Alteré** gonriatens, tu es alteré chonriatens, il est alteré ahonriatens

Cela altere, ahonriatatha

alun deyökärasiich

ama

amaigri götisen

amaigrir rendre Maigre

J'amaigris sagatisens, tu amaigris gesatisens, il amaigrit gahotisens ama.

amande　höhrïeka

amant on tourne Celui qui aime

amas　Kagnëhron

J'amasse gnongsenteh, chenongsenteh
　　　　　　　　　　　　　　　　　Je amasse
　　　　　　　　J'ai amasse hanonguenteh

Pres. 2m. par,　J'amassois, gnonggsentehksa
Pres. parfait　　j'ai amassé, agnonggsendji

ambassadeur　herisenhatsis
　　　　　　　　　　　Yel, onda si hatahn

ambigu, hiaro höyendel

ambitieux
　　　　　　　　　　　　　　　tu es　　　　il est
Je suis ambitieux gatathendetta, chatathendetta, hatathens

Mon ame agatgari　ton　satouari　son ame hotouari

amelette, ganhonekia guenritahsi

amender

S'amender Devenir Meilleur
Je m'amende J'agongsediokhé Sachongsediokhé Sharongsediokhe
on met khi au passé　amener quelqu'un
　　　　　　　　　　　　　　　　　　tu amenes　il amene
J'amene Keyagitta,　cheyagitta, chagohagitta

amenuiser
J'amenuise guechtsatha　nous agsichtouatha
tu amenuise chechtouatha　Vous sgachtsntha
il amenuise hachtsatha　ils hotichtsatha

amer　sigisaguen

am

ami hörien vel
mon ami onguiatsi dziatsi (ton) honatsi (son ami)

amoindrir

j'amoindris	gueehtgata	nous	agraehtgata
tu amoindris	cheehtonata	vous	sgaehtgata
il amoindrit	haehtgata	ils	hotiehtgata

amolir, amoli...

j'amolis	krodinchta	nous	agrarodinchta
tu amolis	chrodinchta	vous	sgarodinchta
il amolit	harodinchta	ils	hatirodinchta

amorce, hoquenra hra,

amorcer un fusil — imparfait

j'amorce	kaguenhra hra		kaguenhra hrakkya
			parfait
tu amorces	chaguenrahra		kaguenhrahra hi
			plusq: parfait
il amorce	hoguenrahra		kaguenhra hra hihna

amoureux, chagronses V. le Verbe j'aime

ample ötgirien

j'ai une ampoule à la main, haguennioguen, saserrnioguen (tu as)
 ilas & sahennioguen

j'ai une ampoule au pied, hagachitoguen sachitoguen (tu as)
 ilas & hochitoguen

s'amuser

je m'amuse	onguiödat	nous	
tu t'amuses	gö sayodat	vous	
il s'amuse	gahon hayodat	ils	

amu

		Pluriel
ßamuse quelqu'un;	Keyodas	aysayodas
tu amuse	cheyodas	sgayodas
il amuse	chagoyodas	hasityodas
ßamusois	Keyodaskya	
ßamusadi;	Keyodahi	

An

                    un esté   un hyver

an un an, sziöguenhata, vel, sziöcheras

Deux ans, deyöguenhagué vel, Deyocheras

trois ans, achen, ni haguenhagué ve

quatre ans gayèri ni haguenhagué

Tous les ans, häeyoguenhaguek

De trois ans en trois ans; hachenniskenhagué

                                    hatio

Ancien vieillard hotiadischiahi,

                                           je suis

Ancien chef De Conseil, keyané, haguia

Les anciens Onriané chon

Ancien, usé Ogayonhi

Anciennement, hörissi

Ancre   sleguentchera ontonhicrotak

                                               kya

          l'ancre

Jette   ragadion

Andouille onhercha

              du Ciel   habitans

Ange garonhiagué Rhonon

Angleterre skanellati, Vel.

Anglois tiourhenska vel skanellati Rhonon

Vel. tiourhensga, vel skanellati haga

ang

Anguille	gontèna	
animal	gario	
animer	encourager	
		imparfait
j'anime	kehedgiaronk	kehedgiaronkʒa
		parfait
tu animes	chehedgiaronk	kehedgiaronhʒi
		plusqparfait
il anime	chagohedgiaronk	kehedgiaronhʒihna
Anis; dianhʒentgiongo		
Anneau Bague Nianhassera		
année voyez an		
Anse, hatassaha		
	ju	il
anter, gassonderaha	chassonderaha, hasson d.
antique	herisagayons, vel agayon
Anus	hezzighhra

ao

aoust Sareské

ap

apaiser

j'apaise	ikenakʒendas,	Shagʒanakʒendas
tu apaise	Ichenakʒendas	Sesʒanakʒendas
il apaise	Ichagonakʒendas	Shotinakʒendas
pai apaisé	Kenakʒendahi	

appartenir

Cela m'apartient ... ennio chsennio hasennio

ap

	apercevoir quelqu'un		
j'apercois	keguenha	che guenha	chagoguenha
j'apercevois	keguenhakk8n		
j'ai aperçu	yakken		
j'avois aperçu	yakkenhka		
j'appercevrai	enkeguen		
	aperitif	onichttaguella	
	apostume	outkenseri	
	cela apostume	Diotkenseroka	
	apparament	aggach toqueh	
	il n'ia pas d'apparence	hiat8 haset	
	appas	hedgiondakk8a	
	apauvrir		tu il
j'appauvris	Dekeyatonhonkariatta		Decheyon, Dechayon
	appeler quelqu'un		
j'apelle	kehrenha	nous	aggahrenha
tu apelle	chéhrenha	vous	syahrenha
il apelle	chagöhrenha	ils	hatihrenha
je m'apelle	onguiasonk	nous	onguiasonk
tu t'apelle	hesayasonk	vous	hetchihiasonk
il s'apelle	honhayasonk	ils	onhatihiasonk
Comment	Cela S'apelle til	hot	Kayadzi

app

appesantir gakhtéli
ȷ'appesantis guechtatha chechtatha [iu] hachtatha [il]

appetisser
ȷ'appetissé guechtsata chechtsata [iu] hachtsata [il]
ȷ'ai appetit hakchis sachis [tu] hochis [il]

applani gonnetchironni
ȷ'applanis gonnechonniaha, chonnechonniaha [iu], honnó [il]
ȷ'applanissois gonnechonniahakkȣa
ȷ'ai applani gonnechonnihi
ȷ'avois applani gonnechonnihihna
ȷ'applanirai engonnechonniaha

Subjonctif
ȷ'applanirois agonnechonniaha
ȷ'aurois applani ahongonnechonnihihna
ȷ'aurai applani agonnechonniek

applati, degataggen
ȷ'applatis Dektaggentenha Dechtaggentenha [iu], Dehataggen [il]

apporter
ȷ'apporte Degaskerat dechaskerat Dehaskerat
quelq; chose Vel Kahgack chagack hagack
parfait Kahsi chasi [tu] ahasi [il]

Ap

	apporter quelqun
j'apporte	Keché cheché chagoche
Vel	Kechatinha, chechatinha chagochatinha
	aprehender craindre quelqun
j'aprehende	ktagsas chtagsas chagotagsas
	je crains que Cela n'soit (ou toiiens)
	je crois que Cela est
	apprendre a quelqun
j'apprend	kéyenstanik nous agsayenstanik
tu apprend	chéyenstanik vous Sxayenstanik
il apprend	chagoyenstanik ils hatiyenstanik
j'aprenois	Keyenstanikksa
j'ai appris	Keyensti
j'avois appris	Keyenstihna
j'apprendrai	Enkeyenstew
j'apprendrois	akeyenstanik
j'aurois appris	hakeyenstihna
j'aurai appris	aonkeyenstanik
Apresent onkkèn	aprester
j'apreste	3uecheronniaha, checheronniaha, hachi
	apriuoiser quelqun
j'apriuoise	Keyentera cheyentera chagoyentera
j'apriuoisois	Keyenserakksa
J'ai apriuoisé	Keyenteti

Ap   18

aprocher, aller auprès
                                                            tu   il
j'aproche Degatsraneguenha, Dechaseraneguenha, Dehaserha

Aprocher quelq. chose

j'aproche Degranëguen, Deseranëguen, Deharanëguen

aprofondir unne affaire
                                                         tu   il
j'aprofondis; Deguiatorella, Dechiatorella, Dehagatorella

s'Approprier se rendre propre

je m'approprie gatadzenniochta chatadzenniochta hatadzenniochta

appui, Kähnittakki

appuier, gnirta chnirta hasirta

j'apuie Shakrin   Shacherin   Sahahrin
                              tu   il
je m'appuie guiatagähri chiatagähri hayatagähri

aprouuer gsrisanonsëhi

j'aprouue grisanonses chsrisanonses harisanonses

aprez onaguen

aprez poursuis hihzé

ar   aragnée Dzikeräyent

arbaleste; Enenyagagsachta

arbitre auoir son libre arbitre

j'ai mon & gadadzennio chasadzennio hatadzennio

arbre garonda

Voici le nom des arbres les plus communs en Canada

Le pin blanc,	ohnetta
Le pin rouge,	ohnettoya
Le sapin,	ososhra
La pruche,	onenda
Le Cedre,	ossohrata
Le Cedre rouge,	onendondagri
L'épinette,	ossohradet
L'épinette rouge,	garirattens
L'erable,	ohsatta
Le hêtre,	oskenhra
Le frene franc,	ganeron
Le frene gras,	kahonga
Le frene,	onasa
Le bouleau,	kanadsiekkga
Le merisier,	hennichkaha
Le chataignier,	oheriata
Le Cerisier,	heri
Le chêne,	garritti
L'osier,	osetta
L'orme,	kahongaha
L'orme blanc,	hochkera
Le bois dur,	chkachnannen
Le liar,	chkarok
Le Cotonnier,	guenhnena
L'aubepine,	
Le laurier,	ahennayrao
Le Noyer dur,	onennogaa
Le Noyer tendre,	oguiehsa
Noyer à longue Noix,	dziuchogses
Noyer amer,	ganerasso
noyer aux noix rondes, de france	oguichsada
Le tremble	oneraskarechi
Le senettier,	dzioukarelles
Le Buis	oneratotchera
Le meurier	sahies
Le pommier	sgahiona
Le prunier	thichionk
Le prunier Damas	guenhrahra
La plaine	aonhankyaha
Chêne Blanc	kagata
Bois Blanc	hossera

arb

arbrisseau öhonda, toutes sortes d'arbrisseau hadeyohondaguü

Voici le nom de quelques arbrisseaux

Alizier Onenchtag'senhen, Yslsayadeo

pimina à....

Coudrier ossoschera

Bois rouge Kyentarogon ni ohennotin

Des poiriers, hoikata

Des Vinaigriers, hotköda, la fleur ysanenda

Jegenieure, Onendionni

ar

	arc	ahëna	Corde D'arc garinsotäa
Je tire De L'arc	guiagsach	chingsach,	hayagsach
Je tirois De l'arc	guiagsach kga		Jire De l'arc Dedziagsen
J'ai tiré de l'arc	saguiagsen		
J'aurois tiré De l'arc	saguiaggenna		Je Bande un arc garinsotarich
Je tirerai De l'arc	enguiagsach		Je De Bande l'arc garinsodarioch...
Subjunctif			
Je tirerois De l'arc	aguiagsach		
J'aurois tiré De l'arc	aonguiaggenna		
J'aurai tiré De l'arc	aonguiaggenk		

arc en Ciel, onhiötas,
ardens feux folets, Kaschichtendies
arëste de poisson, Kendzyochtienda
argent hsichtanöron
argenté Kahsichtosrähsi
argille, ödara, Enadgienniasha
aride, srhen, Jel hiate Kahnëgo
armé, aggeguinhëhöyen ondadientakks
passer par les armes, Kechonragach, chechonragg
je lai passé par les armes hechonragati
Armée Kanenhra göna
S'armer, Deguekga ondadientakkga
armurier hayentonniaha
Vel hechonronniaha

ar   20

arraché   hotchniödagsen
j'arache, j'guenniödagsaih chenniödagsaih, hanniödagsa
arrangé,   toguen Kaguehron
j'arrange, toguens guëhron toguens chchron toguens hag
                                                            uehron
j'arangeois toguens guëhronk ga
j'ai arrangé toguens guëhronh gi
j'auois arrangé toguens guehronh gina
j'arrangerai toguens Enguehron

arêté determiné hadïgagonda
arêté Detenu, Son hayatadinchti,
                                  yel Sgendöktakk gi
j'arête keyatädinchtu, chëyatädinchtu, chagoyatav..
je m'arête saguetanha sadechtanha, gatäikanha
je m'arêtoie gaktanhakk ga yel Dektaskga
je me suis arêté De gaktahi;

Arrierre en arrierre ohnaguen hag ga

arriué shöyou;
j'arriue, guionha chionha hayonha
                                            Duel
                              a.guionha
q'uest il arriué   Dzionha
hôt hörihödahi   hionha
                                           Pluried
Si Cela ariue,   agga yonha
Nen garihodanhagga   Sgayonha
              higuen hati yonha

arr.

	je	tu	il
j'arrivois	8uionhakk8a	chionhakk8a	hayonhakk8a
j'ai arrivé	8agui͞on	8achion	8ahayon
j'avois arrivé	8aguionna	8achionna	8ahayonna
j'arriverai	enguion	enchion	enhayon
Subjunctif			
j'arriverois	aguionha	achionha	ahayonha
j'aurois arrivé	honguionna	ahesayonna	ahayonna
j'aurai arrivé	aheguionk	ahechionk	ahehayonk

arrondi D'eyotgenonni

j'arrondis	k8enonniaha	ch8enonniaha	ha8enonniha
j'arrondissois	k8enonniahakk8a		
j'ai arrondi	de8akk8enonni		

Arrosé Kanegosserahyi

j'arose	knegosserach	chnegosserach	hanegosserach
j'arosois	knegosserachk8a		
j'ai arosé	knegosserahyi		
j'aroserai	enknegosserak		

as

| asne. kensere | ascension | garonhingué sensaretta |

assaillir

j'assaillis	kenenrentanik	chenenrentanik	chagonenrent
j'assaillissois	kenenrentanikk8a		
j'ai assailli	8akenenrentani		

assasiner

as

j'assasine Keyasetta cheyasetta chagoyasetta

j'assasinois Keyasettakk8a cheyasettakk8a chagoyasettakk8a

j'ai assasiné Keyasetti......,

assaisonner

j'assaisonne Deg8iechta Dechiechta Dehayechta

assemblée ontkennichiahi

j'assemble Kerorkach chrerorkach harorkach
Yel grotih chrotih, harotih

j'assembloi Kerorkachk8a Yel grotihk8a

j'ai assemblé Kerorkahsi Yel agrohsi

assés

asseoir

je m'assois gatienha chatienha hatienha

je suis assuré d'unne chose, guerhé toguch

j'asseure *je donne de la force a ma parolle sur ce que je dis* chadadyennanitta
gadadyennanitta i gatonk, ischalonk

assiegé

j'assiège dekenatanhach dechenatanhach Dehanatanhach

j'assiegois Dekenatanhachk8a

j'ai assiegé Dekenatanhahi

assiete Dont on se sert a table, atzien

assiete situation, hoyenoti

assis

assis.

assister aider
j'assiste, Kerinrhek cherinrhek chagerinrhek
j'assistois Kerinrhekksa
j'ai assisté, Kerinrhehi

Assister être present
j'y assiste, guideron, yel guiatao
j'y assistois, guideronDakksa, yelguiatahakksa
j'y ai assisté, guideronhi   Yelguiataahi

s'associer
je m'associe, gatkatiechta, tchatiechta, gatthatiechta

assommer
j'assomme, Kenongariakonk, chenongariakonk, chagonongsa
j'assommois, Kenongariakonkksa
j'ai assommé, Kenongariakon

Bien Assorti, hoyensti teha deguiadiechti
mal assorti hia te hoyensti teha Deguiadiechti
s'assortis, guionsta teha Deguiesta

Assoupi
je m'assoupis, hagreserintahach, Sareserinta aus soi
   ils horeserintahach
je m'assoupissois, hagreserintahackksa
je me suis assoupi, hagreserintahahsi

ass

assouuir sa faim
ɸassouuis gatanha chatanha hatanha
assurer voyés assurer

astringent, godagsekta

je donne azile; kenaklotaniks chenaklotanik chagonak

at.

ataquer & attaquer

atirer
ɸatire gatironta chatironta hatironta
                   tu   il
ɸatirois gatirontakksa
j'ai attiré 8agatirondenhi

atre foyer

attaché lié
ɸattache quelq chose, kringach, chringach, haringach
ɸattache quelqu'un kecharontha, checharontha chagocharon
                                                                       tu   il the
s'attacher prendre peine; gatateronhiaguenta
                                                       je prens

j'attaque attaquer
kenenrentha chenenrentha chagonenrentha

attristé, gonigonkenhëyati

att

Je M'attriste — gadasnigon kenhèyata, chadasnigon, hadasnigon &c

P'attriste quelqu'un Kenigonkenhèyatanik &c...

atteindre

P'atteins gragsach chraggach, haraggach

atteins Sraggsa

Attendre, gnonna chenonna, haronn.

P'attend quelq. keronsasek cheronsasek, chagoronsa

P'attendois keronsasek kya.   *imperatif*
                                                       attend
                                                       Sahsen
P'ai attendu keronsaschi   Yel snonni

P'attendois que tu fusse venu
               gonronnakkya
Attendri mol, karodinchta

cœur attendri,

Je suis attendri desaknigonra nenson, desanigon, & dehoni

P'atendris desaknigonra nensonksa

Je m'attendris Desaknigonra nensonni

Ces mon attente, na tchi guerhé

Attenter sur la vie
                                        tu   il
P'attente, guerhé heriö, cherhé cherio, rerhé heriö

P. es uis attentif gasaonchiochta

att

attire*r* quelqu'un	Keyatisseré	cheyatissere	chagoyatisseré
j'attirois	Keyatissereskwa		
j'ai attiré	Keyatisserehi		
		j'attire quelqu'un	
		Keyatatironwa	
		cheyatatironta	
		chagoyatatironta	

attiser le feu

j'attise le feu	guedgichtontarecheronk	chedgichtontarecheronk *ou* hadgichtontarecheronk *il*	

attitude

attraper atteindre quelqu'un à la course

| j'attrape | gatkeranha | gachera*n*ha *tu* | gachagoranha *il* |

attraper tromper

j'attrape	Kenigonrhatanik	chenigonrhatanik *tu*	chagon... *il*
j'atrappois	Kenigonrhatanikkwa		
j'ai attrapé	gakenigonrhatani		

attraper quelq. chose en l'air

| j'attrape | degrenhahaggach | dehienhahaggach *tu* | Dehaienhahaggach *il* |

Yne **attrape** Kahienten

je fais des attrapes	guientonk	chientonk	hayentonk
je faisois &c	guientonkkwa		
j'ai fait &c	guientonni		

Au

au contraire

auallé kagonnenthi

j'aualle hegonnentha hichonnentha heronnentha
j'auallois hegonnenthakk&a   imperatif sonnenta   auale
j'ai auallé gagonnenti

Cela auance hadēganhāa   Cela auance ou nient hottendion hatk

par auance donne moins, Dasatieronta, Dagon

j'auance, tō gaguetta   auantage Dire ason auantage
j'auancois, tō gaguettakk&a   D'ega tasterin Jaronk
j'ai auancé, tō gaguetti

en Auant Duant shenton

auant profondēment ägonhga

plus auant audela, ihi hagga

je suis Auare hagnion Janion hönion

aucun hia chon garn

auec;

je suis auec toi,
        ou   ti ggegui, yel deagni
tu es auec moi,

je suis auec lui,
        ou   na gui ggegui, Diagni
il est auec moi,

tu es auec lui,
        ou   dziggegui, Desni
il est auec toi

il est auec lui   hniggegui; Dehni

	au avec		
Je suis avec vous ou vous estes avec moi	Dedgaggegui,	Vel Dedion	Nous sommes avec eux hiagga gyegui
je suis avec eux ou ils sont avec moi	agyaggegui	Vel Dehiagion	Vous sommes avec nous hedgaggegui,
Tues avec eux ou ils sont avec toi	isdesgaggegui,	hadesgion	Vous estes avec eux, hedgaggegui
Il est avec eux ou ils sont avec lui	hehasiggegui	hadehennon	ils Sont avec eux
			ils Sont avec eux hatiggegui
			Le duel
			Nous sommes ensemble diggegui
			Vous estes ensemble deziggegui
			ils Sont ensemble higgegui

	atteindre, de haut en bas	atteindre de bas en haut
j'atteins,	hekraggach,	Kvakkyach,
	avelinne ōchor iṡeña	
	L'avenir rehañon Dayagensere	
	a l'avenir, Diöririhagga	
avsiren	aversion Y. hair	
	averti, onerv hehen hatorienni	
j'avertis,	Keyatoriennik cheyatoriennik chagoyatoriennik	
	avertis Donc? chatoriã 3	

Au

Je suis aueugle, dekkakkçegui, dechegak, dohega (tu, il)

+ augmenté; hochkahiechta, Yel Kagöänati

J'augmente quelqchose Schkiechta Schiechta Shahiechta
                    Yel Keköänata

auili:

J'auilis quelqun, Kegueronniaha, chaguenron, chagögu...

+ aujourdhuyff ken sende Yel Onkken

mon auiron, kagagechia Sagagechia hagagechia (tu, son)

auis donner auis

Je Donne keriçahçe (tu) cheriçahçe chagoriçahçe (il)

Vis auis deyotoguenti

J'crauiser, donsonga teriya teniennik
au passé Donsonga teriya tennien

auoine in garontanenkçik onadzia

auoir

J'ai	gaguien	gachieso	höyeso
Duel Nous auons	ongyayen	dzien	hotien
Plurier Nous auons	onggayen	sgayen	hotien
J'auois	gaguiendakkya	gachiendakkya	hoyend
J'ai eu	gaguienhi	Sayenhi	hoyenhi
J'auois eu	gaguienhihna	Sayenhihna	höyenhihna

au

	avoir suite Duyerbe	
j'aurai	Engaguiendanha	

Subjunctif

j'aurois	aonguiendak
j'aurois eu	aonguiendahihna
j'aurai eu	aonguiendakik

je n'ai que faire de cela ; hiachtenteaguechta
j'en ai affaire   guechtahne

il n'a que mon frere qui joüe   ontournes
mon frere seul joüe, ahorhgagsa quiatateguess
                              Dehayenha

avorter

j'avorte	knegsas ehnegsas, hanegsas
je fais avorter	gakenegsas, gachenegsas, gachagonegsas
je faisois avorter	gakenegsas ksa
j'ai fait avorter	giakenegsahaki

avorton, Konegsahiha

avoüer

j'avoüe	grisagatchonch, cherisgagatchonch, harisgagatcho
j'avoüois	grisagatchonch ksa
j'ai avoüé	gagsisagatchon

au

auparavant, öhenton, Vel iotierenti

auplustöst, gentatïeha higuen

auprés, touehhenha, Vel Hengsato: aktän, est le terme le plus propre, les deux autres signifiant, tout prez.

auril, ganos

+ aurore, Dediagentaronhga
                                Vel Dagendöti

aussi...ongsa

+ autant ncrönion Vel, Sadïchionk

il y a autant de femmes que d'hommes
Sadehotïdiakksa hatidzina ne gonhehron

autant que je puis,
Jeha ni Ksicheré

autant que vous voudres,
Jehanionk chenonkionk

+ Automne, Kaneragué

+ Autour, aktatié, Vel dediotga tassé

autre
se prend l'un pour l'autre; gatkneragsa gatchneragsa, gathanou gsu

+ un Autre agoya; Vel Tihayatate

se prend l'un pour l'autre   gatkuyatanerhagsa, gatcheyalat gatchöyala
parlant d'un homme
                l'un et l'autre, hadedgiaron

au.

auparauant, ŏhenton, *Vel* riotierenti.

auplustôst, gentatieha tiguen

auprez, touehhenha, *Vel* Rengsato: aktân, est le terme le plus propre, les deux autres signifiants, tous prez.

auril, ganos

aurore, Dediagentaronhsa
Vel Dagendoti

aussi...ongsa.

autant Netŏnion *Vel*. Sadĕhionk

Il y a autant de femmes que d'hommes
Sadehotidiakksa hatidzina ne gonhehron

autant que je peux
Icha ni Ksicheré

autant que nous voudrés
Sehasionk cheronkionk

Automne, Kanenagué

Autoir; aktatié, *Vel* dediotgatassé
 autre
se prend lun pour l'autre; gatkneragka gachneragsa, gathaur
   g8ï
un autre. agoya; *Vel* sihayatatê

se prend lun pour lautre, gatkuyalanerhasa, gatcheyala gatchŏyat
 parlant dun homme.
lun et l'autre, hadedgiaron

au

nilun ny, l'autre, nhadehni

autrefois öresagayen yel honissi

autrement, tigate

autrepart àhèren

ay

mon ayeul Kchiöta Sachiöta hochiöta

nos ayeuls nos anciens

Supplément à la Lettre A

Remarques pour servir à la Conjugaison

Les Verbes qui se terminent en ta	font ti au prochain parfait
Les Verbes en aha font ahi	Les Verbes
Les Verbes en iakch font iagui	Engga font ggion
Les Verbes en ensik font Sehi	EnKya font Kgi
Les Verbes en Dinha font Dihi	En chio font chihi
Les Verbes en tanik font tani	En onk font yon, mettant ya au commencement
	Ex: Kiotionk j'assiste
	yakiotion j'ai assisté
Les Verbes en hahack font hahagui	En niahw font Ni
Les Verbes en chkon font	Engué font guetti
Les Verbes en diè font Diehi	Enychioneh font chion mettant ya au commencement

Suppleement a la lettre A

Les Verbes

Les Verbes en enha Sont Enhi Ou enti   En ganik sont,
Les Verbes en anha Sont hai   En dé sont, dehi
Les Verbes en Dik   sont   Dihi   En riek sont richi
Les Verbes en plonk sont, non en metant ga   En nagac sont
                                    duant
Les Verbes en atta sont, tati,   En geo sont gehi
Les Verbes en inonk sont, non metant ga duant En heno sont henhi

Remarques

Comme il mes impossible de conjuguer les Verbes dans leur entier et que dans la suite je marquerai les temps que de ceux qui se formeront différamment; on voudra bien pour leur Conjugaison venir aux remarques que je fais icy:

L'imparfait se forme du present en ajoutant Kga a la fin

Le preterit parfait sert a former le plusqi parfait du present en ajoutant hna a la fin; et change lui meme selon la terminaison des Verbes,

Le futur se forme du present en mettant En au devant du present,

Subjunctif

Le present du subjunctif est le meme que de l'actif

Le preterit imparfait se forme en mettant A devant
Le present :   Le parfait ces lettres ~~qu~~ qui a l'indicatif
                                        ~~qui sont indicatifs?~~

Le plusqi parfait du subjunctif, se forme du plusqi parfait
de l'indicatif, Mettant devant le verbe, Aon, Ou a,

Le futur du Subjunctif se forme du preterit parfait de l'indicatif en mettant A au commencement et la lettre K a la fin. Ex. Kinongehi j'ai aimé   akenongehik
                                                    j'aurai aimé

14 Juillet 2.V. Supplement a la Lettre a 27
14

Les Verbes en das. sont Dahi
En   ronk   fons ronksi   Les Verbes en ěna, sont ěni
En   niaha   Sons ny   Enbroch sont rehsi
En   gach   sons si   Kerihostanik
En   gsuo   sont gsen   En chǎa   sons   chahi
En   tariek   sont tani   En hen   sons   henki
En   rach,   sons rahsi   En Dar   sons   dahi
En   onha   sons on.   En De   sons   Dehi
metans sia auans limot   En riek   sont   richi
En   Kach   sont Kgen   En dek   sons   Sehi
En   hach   sons, hahi   En gach, sont   gsen
En   tiek   sont, hai   En tönk   sons   tonni
En   Konk   sons, Konhaien   En choneh, sont chonksi
En   tahati   sons, tahsi
En   Seron   sont   Seronni

        Verbes Dont les terminaisons sont
              marquées cy dessus
                                       Presens   Passé
Kahgitta   Kahgitti   Degaguerendaninseron, fait, seronni
Kehniaha   Kehniahi   Kenondadié   Kenondadiěhi
grondiakch,   grondiagui   KKahienha   KKahienhi
Konhadinha   Konhadihi   gadektönkiask,   gagadektön
gadatchensek gadatchensěhi   gaguienhenha   gaguienseěhi
Kenigonrhatanik sakenigonrhatani gaguiadohanha;   saguiadohahahi
Deguettohahach deguettohahagui   grohroch   grohroksi
guiena   saguieni   Sagatogsa   Szagatoguesen

Kninonk	ɤakninon	Ketinrhek	Ketinrhahi
Keribostanik,	keribostani	kenonɤariakenk,	ɤakenonɤariakon
ɤaguechaa	ɤaguechiath	hagreserintahath,	hagresexintah
akchio,	akchihi	Keyenaɤasek	Keyenaɤaschi
guektonk,	guektonhɤi	guientonk	guientonni
ɤatkekonhesi	ɤatkekonhenhi	gatchoneh,	gatchonhɤi
Kiotionk	ɤakiotion	guechɤahens	guechɤahenhi
Degarattat,	degarattati		
Skenaksendas,	Skenaksendati		
aguiödo	aguiödchi		
keyataguenrick	keyataguenrichi		
Keyenaɤasek	Keyenaɤaschi		
Kenonɤes	Kenonɤchi		
Keyatteronggach,	Keyatterontɤen		
gadiatoɤɤaricchioneh			
fait			
ɤagadiatoɤɤaricchion			
Keyodas	Keyodati		
Kehedgiatonk	Kehedgiaronhɤi		
Ktaggas	Ktaggan		
Kahɤach,	Kahɤi		
guionha	ɤaguion		
Kenosserach	Kenosserahɤi		
Kerorkach	Kerorkɤen yol kerorkahɤi		
Dekenatanhach,	Dekenatanhahi		

Ba

pe Bâille	Bailler	desaguechkaragach,	Desaguechkaragach,	Dehaguechk.
pres. us	Babillard	hagrixagate	sarixagate mes	horixagate il est
pre.	Babille,	hagaderistaa,	chaderistaa	höderistaa
	Bassine	hechkxaragui		
je	Badine	gadaxchatonniaka	chadaxchatonniaha que	hadaxchatonniaha il
railleur	Badin	högennores;		
	Bague	hennienhassera		
je me	Baigne	gatahxenha	chalaxenha	hatahxenha
Præterit imp.		gatahxenhakkxa		
Præterit parfait		gatahxenhi		
je	Baise,	Keyaxchogxaronnionk;	cheyaxchogxaron que	chagoyaxchogxaronnionk il
Præs. imper.	Keyaxchogxaronnionkkxa			
Præ. parfait	gakeyaxchogxaronnion			
	Baiser s'accoupler			
pe Baise	Kedchigada	chedchigada	chagodchigada	
	Bal	Deyenxkxa		
	Balâtre,	hetkoncharökön		
pe Balatr	Kekonchiakonk	chekonchiakonk	chagokonchiakon	
	Balai	henakte xakta		
	Balancer son corps			
pe Balance,	gadiadondakta	chadiadondaktha;	hadiadondakt	

Ba

Balancer unne Rstatre

Se Balancer; Conomme n'est point usité

La chose est en Balance ason te öteri 8 chia

Balayer; gnaktahsach, chënaktahsach &

Bale a fusil, odzikksa, deyeyendakksa

Bale de fusil önenhia

une Bande, troupe, kendiöksa

Bandé tendu, gadon

Bander tendre.   Bandeau—
                       awakendzianhachta

Se Bande quelq. chose, gadonch, chadonch, hadonch

Se Bande un fusil, kenientahach, chenientahach, hanien

Se Bande un arc, kenekarotahach, chrenterotahach, ha
                                              8arodaha

Banni, onhategsati

Se Bannis, keyateggata, cheyategratta, chagoyateg

il est Baptisé honanegahechti

Se Baptise, Kenegahechta, chenegahechta, chagonega
                                              hechta

Se suis Baptisé Onknegahechti, hesanegahechti —

Barbe Onyskira yel ogonchtgenra

fai la Barbe Langue hagnoskeres, sanoskeres
                                    honoskeres

Se fais la Barbe. kenoskerentha chenoskerentha chagonos
                                              rentha

Baril niganakkaha

Ba

Barbouillé, hădaserahzi

Se Barbouille, Kekonchokach chekonchokach hakonchokach

Barbu deyagonsakeronda   Barbier tkyirogueu

Barique   Kanakkŏsanen

Barque   Kahonhsa

Barre   diĕronhsachta

Barrer dekronhsach, decheronsalih dekarongach

Barrierre   dehyagŏnonhsi

Barrer chemin; Kchiharonch, tcha ouhaté   Se barre

Bas en Bas, Eklagueú, ausond ägonhsa

Se parle Bas, gadsennachtsala, chadsennachtsala; hadsen...

Bas chausseure, deyŏchitonda

Se mets mes Bas; degaderich Dechaderich dechaderich

Sote mes Bas; degaderichchionch dechaderichchionch; dekadir...

Bassané; tiguen ahiguenk tcha ni hakondsi

Batard; hiate hŏni chen

Baton; ganhia

Se Bastonne; ganhia keyenta, ganhia cheyenta

Bataille; onderioch

Donner la Bataille; Kenenhrentha chenenhrentha hanen...

Se gagne la Bataille; Kenenianik chenenianik chagonenianik

Se perds la Bataille; onkknenianik hosanenianik, honhanenian...

Ba

Bateau, gahonhia

Bâtir, gnonchonniaha — chnon chon, ha...

Bâtre

se Bat Kedarioch chedarioch chagodarioch

Baue götchkrötha

Bauer De gaguechkrarich, desaschkrarich
                    je Baue
Baueux . . . . . . Dehaschkrarich

une Baye ögnerhasen

Bc

Beau 8yanere

se suis Beau Ktaggrahi chtaggrahi hataggrahi

Lorsq) l'adjectif Beau est joint à un substantif il s'exprime
en mettant Zö à la fin du substantif Exemple

Belhomme hongye Dö

Beau fusil gachionriö

Cela est Beau 8yanere

tout Beau, chkenon guisa

on a Beau C'est enuain hiatarhgaton

Beaucoup parlant de choses yinantes
            gontkateye honatkate

Beaucoup, hissöha,

mon Beaufrere aguratto

ma Belle Soeur Aguiarien

Be

mon Beaupere .... hagnenhons
ma Belle mere --- agnenhons
mon Beau fils, hëno
ma Belle fille, këno

Bec, ... hoyonta
Becasse   hönadziakksen
une Bethe   tchioktönchera
Becher, kchoktonch, tatchoktonch, hatchoktonch
Bégayer, degatsenniakch, dechatsenniakch, Dekatsen il
Belier Mouton ; tiötinagaronten.
Bercer
he Berce kerahoncherondata, cherahoncherondata, chagorahon
                                                            cherondatha
Berceau , garahonchera
          je
Bësler, tiotinagaronton hnagueranik
jai Besoin, haguiëgas Sayëgas hoyëgas
jenai Besoin, quechtahné, chechtahné, hachtahné
                              quesegue Cela fait qu'on n'aille pas
il n'est pas Besoin d'y aller, töchegsa aksi to heyen
        Beste garis
je suis Bête haguidé Sainde hodé
Cela rend Besto ködechta
                                      Beut ilinois
        Beut tionhochksaront   tegueriagni

        Beugler, konragatch, chenragatch, gahonsagatch
he Beugle

Biche, tehiougarahiak

Bi

Bien, fors Bien tehennahienha,
Bien Beaucoup hissöæ, Celacstbien Syanere
Bien joint aun Verbe; aggach Exi je t'aime Bien
                                    aggach hinonges
jesuis Bien Sain, haguiataganonni Sayataganonni, hoyataganon
Bien Loin hinondziki
Bientost.. onhya Yel. onkkendzik
de la Bierre, onhenhägri
Bigle, kkakkarenhré chkakkarenehre hagakkarenh
Bissac.. gayära,

Bla

Blamer
je Bläme Kerihostanik, cherihostanik, chagerihostan
Blanc.. grahesta
je Blanchis, grahechtach, chrahechtach harahechtach
Bléd froment hönadzia Bleddinde önenha
jesuis Bléme Degadechkennadiagui, desachkennas Dehodech
                                                    il
je Blemis Degaguechkennadiakeh, debachkennas dehoch
                        ex pres   Yel   par megarde
Blessé, onhyahriw, ochaneraggeu
je Blesse quelquun, Kehrinha cherinha chagohrinh
je me Blesse, gadatrinha, chadatrinha hadatrinha
je Blesse un animal, Krinha chrinha harinha
il Ses Blessé hadathrin
je Blesse par megarde. keneraggach cheneraggach, chageneragga

Bl

Bleu horonhiahen

je suis Blond de cheveux, rahesta ni hagnonkseröt̄inv
que Blond rahehta ni sanonkserötin rahesta ni hononkserötin   il est Blond

Bluet; fruit höyadzi,

BO

Bocage, hotontonni, Yel garhayeru

Boëte Kahonchera

Boire

☞ Boire guehra cherha rerha
             Yel.
           Kneguihra chneguihra haneguihra

je Donne a Boire, Kenegarh

Bois höyenda Bois Vert

Bois Sec Bois pouri

Un Bois garhayeru dans le Bois garhagonhga

Boisson, gonougahaton takksa

Boiter,

☞ Boite... akchioka sachioka kschioka
Boiteux kochioka;

Bombe heyagot chett endietta

Bon amanger Ogahgi Bonbien; gyanerö

Bondex katchirāhgi

☞ Bonde kchirota schirota harchirota

Bondon hitchirodakksa

Bo

j'ai du Bonheur, hagadenri — tu hadenri — il hodenri

je donne le Bonjour, konouronkȣanionk, — tu donne le chenouronkȣanionk — il donne le hagnonronkȣanionk

Borne But, tcha kanedziota

Bosquet, chondaka

Bonnet, hagnonrotchera — ton sanonrotchera — son honon..

Bonsoir, ondia seulement — Ônen iese, je m'en vais

Bord deyeronkȣa — Yel deyenhesaronkȣa

Bord au Bord, Aktaha

Border, deguenhesaronk — je bords dechenhesaronk — il dehanh..

je suis Borgne, gagatkatta genhion, — desatkattagenhion — Deharkatta genhion

Bosso Ônöhia

je suis Bossu, degagnohiagui — desanohiagui, dehonohiagui

Boucanne, hoyengȣara

je suisde Boucanne, gȣiennȣgȣa hagatiengochta

Je Boucanne une peau, guiengȣaröta, — Yel gatienrotha chaȣe — chiengȣarota — hayengȣarota

Boucanné, Kayengȣaritti

Viande Boucannée;

Je sais de la Boucanne, guiengȣaronniaka

Je Boucanne dela Viande, guiengȣaritta ghȣahra

ma Bouche, Kehigué — ta chehigué — sa hachigué

j'ouvre la Bouche degatchkahagatch, dechatȣ dehatch..

Je ferme la Bouche gatchagȣch — chatchaȣ — hatchagȣch..

Une Bouchée, dziehökȣata

Bouchon herchirotakkȣa

BO

Boucle hönigaktchèna

Bouder il Boude Kgnaygen V. se facher

Boüe oudara

Boueux Oudararigui

Bouillant ouriahens Cela Bouille,

je sais | Bouillir Keriahata cheriahata hariahata

Bouillon hönègagri Le Bouillon passe par dessus
                                  ga negahgenrateh

l'eau Bouillonne, degatgenstiakch

Boulanger herakkonniaha

Boule hordzikkga

Bouleau Kanadgiekkga

Boulet à canon honeuthioganen gachionra

Bourbe, gdara

Je m'enfonce dans la Bourbe gaguedararatha, gachedara, gatha

Bourg, Niganatra, Vel Onatahgensé

Bourre de fusil hetchirondätha

Bourrer un fusil, Ketchirondahach, chetchirondahach, hatchironda

Bourreau, chagoniatewinth

Bourru fantasq; horigahentken

au bout, tcha hiodokta

ajoute | au bout, degraneguenha tcha hiodokta

Bout à Bout, deguiadassondera

au Bout dun an, tcha hiotKenhokta

Bo

about

Je viens about de quelq. chose, hagadonsek, chadonsek, hadonsek
Je venois about, hagadonsekka
Je suis venu about hagadonsski

Je viens about de quelqu'un, kenagoras, chenagoras hanagoras

Je pousse about grenhagga chenhagga harenhagga

Bouis, honeratörchera — Bouton
Boyeau   köyoura   onchikkouakk

Br

Bracelet   henenchtanhassera
Brancar   ondadiadarakksa Yel hask
Branche,   oringaha
Branchu   hoteringahagaté
Branler   Cela branle ähondakta

Je Branle montcorps; galadiadon Datha

Bras   önencha,   mon bras hagnenen
Brass   unne Brass, Ssatchgetiata

Je Brasse dektinch dechtinch, dehatinch
Je suis Brave gasheriatha, chahperiatha hatheris / tha il est
Brebise tiotinagaronton guenhron
Breuhe   hotahgetahaggen
Je Suis Breuhe, Kahgetahaggach chahgetahaggach
Breuage, hehrata öhnega
Bride , haderichtan hondakka
Brillant, gasserenio

Br

Brisé dekaritta

ꝑeBrioṅ degritta Deːchritta̋ dekaritta
       ru   il

Bro

Broche, ondeskondakksa

metre ala Broche, gadeskenta chadeskonta hadeskenta

Brochet, dikonchies

Broßailles, ohondachonha

Brouette, gasseretha   Brouillard, hötchigner
                               vel

Brouiller quelq. chose
Degasenriek, deehasenriek, de hahsenriek

Brouter,

ꝑeBroute, guennokerach, hennekerach, hennoker-

Broyé garethi

Bru

ma Bru kesahgak chésahgak chagosahgak

Bruinne, deyakionriohgi

Bruit Cela fait du Bruit hoteristaha

ꝑe fais du Bruit kristonniaha chriotonniaha haristönniaha

Brulé, steguien Cela Brule gatchach

ꝑe Brule quelq. chose, gatchatha, chachatha hatchatha

ꝑe Brule quelqu'un, Keyatarha cheyatarha hayatarha

je me Brule gaeskondanha chechkondanha, haskondanha

je me Brule en mechaudant, gadiadatthach chadiadatchach

Bru

ᵩe Brule quelqu'un
au poteau   Keyatarha, cheyatarha, chagoyatarha

Cela est Brulant   8tehichtadet

Brun   oguenhraken, ɤel ohessaken
       ɤel ossyendaken

Brutal ; ohɤennadet

terre Brute, ason te kadzihenrié

Bu

Buche, onhatta,

Bucher tas de Bois   Buchelle
kahiendaguehron   ohongara

ᵩe Buche .. guiendagɤach, chiendagɤach, hayendagɤa

Buis Bfoy. Bouis

ᵩe porte la Buchelle pour Convier a un festin
Kongarinhatɤi, chongarenhatɤi, ahonharenhatɤi

Butte, Onondagɤaronde

Butin ; chten chonha ɤel nhadèhion
                   de toute sorte de choses

Butiner

ᵩe Butinnè deguekɤack, hatɤ́, desekɤa, Dehakkɤ

Fin de la lettre B.

Suppleement
A la lettre B.

86

Ca

Cabanne, gannonchia

j'ai unne Cabanne hagnonchiayen, sanonchiayen,^{ta} hononchia^{sa}

cable Enrharachera, Ontonhyendakk8a

unne Cache 8sellakk8a

caché 8a setti

Cacher en terre gatchatonch,^{io}

je Cache gassetha, chassetta hassëa

je Cache un discours, grisassetta, chrisassetta hari8asetta

je Cache quelquun, Keyadasetta, cheyadasetta, chagoyadasetta

je Me Cache gadasetta chadasetta hadasetta

Cachot ondadenhŏlonkk8a

Cadaure, hostrentogonha

mon Cadet Keguen cheguen heguen   ma Cadette Keguenha

Cadran garakkichiakch

Caillou, Onenhia

Calculer voy; compter

Caler a fond Kanonsagonh8a ngagué

Caille Kokkŏri

Calme ŏrentki   Calumet Kanonhrenta^{ii}

Le vent Calme, 8agarenth8a hatié

mon Camarade guiatsi diatsi hŏnatsi

C.a

Camp, ganatayen

camper, gnatayenha chnatayenha hanatayenha

Canard Sorak, chon, pour d'noter le canard noir
                                    le canard de france
                                    opdix, gonsigouanens
Canard Branchus Konré Konré   les gros

Canne de Roseau, ochaguenda

Cannon, gachionryanen

Capitaine, honsennagueratik xstinraguellal

Capitaire, id: alatongy ligá, herbé
            deganoioladgio, hagsinnokera

Capot, deganiarahra

Captif, kenachkga

Car, garihonniaha

Carcasse, östienlögoro

Carême, Yoqué hiase Dziekgarakeh

                je. Caresse   tu.
Caresser, Keyatongseskgatanik, chsyatongseskgatans
                                    il
                                    chagoyatongseskga

pe sais Carpage Keyagentgach, vel agragguerins
                            enpartant de chasse

Carnassier, ahgaragachtha

Carpe, honongario, Carpo skaristona

Carquois Kataschera

Carré deyötöquenron donnsion

                                            tu.As
je me Carre haguennayenti hatié Sennayentihatie

Cariolle Onvonhgisseretta

... Cartes a jouer, deyéyeroDakkga gaKiatonchen

CA

Cascade, ~~tiolontiagami~~ gaskonchientā
Cassé, tchiotiagui
se Cassé, deguiakeh Dechiakeh dehāyakeh
Castor, nagariagui, petit Castor, 8t8achia.
Caualle, garondanenk8ik guenhron
Caue, 8chata gonh8a
Cauerne, 8stenra gonh8a
Cela est Cause, na hasihonniaha   je suis Cause
                                    De ??
a Cause. Dequoy? hot garihonniahi tragsihonniaha

Causer desaguettāa Desataa dehōtāa

CE

Cequi, nanē, acequandit, nanē hiondonk
cseque; Ken, qui semet a la fin Du premier
                                mot de la phrase
Ex esceque C'est toi, is Kuen?
Esce ainsi tōken niout, yet niōt
Ceci cela tchatō
Celui cy Celui la. id. tchatō
Ceder quelq; chose à quelqu'un
se Cede, keyassendettanik choyassendettanik, chagoyen
Ceindre, yoyes lier
Ceinture Ontaggarinchta
se the Ceins gatag8arinch chatag8arinch hatag8arinch

	Ce	Ca	Ce	Ce	ese Celui la
	Esce Pela	nayé ken?	yel naken	tchato	
Cedre Yoy arbre	C'est Cela,	Nayé,	Ou	tchato	Cest Celui la

Cendre, hoguenra

Feller de la Cendre sur la teste, keyaguen roverach;

Cent, gassen nigassen

Cent fois, gassen nigassen

au Centre, achënondzik

Cerecelle gibier. Cerf, tchiougaragak Nagarontoro

Cerceüil, Ondadenon tahakkra

Cercüil, hö tëhia

Cerise, dehiökaranich

Cerisier, hëri

Je suis Certain, haktöguensek saktöguensek hötöguensek

Ceruelle, hotchichero hyenka

Je Cesse de trauailler, guennirhen, chennirhen, hativhen

Je Cesse de parler, grihokta, chrihokta harihokta

Cet, tchätö

Ch. Chacun skata chon

chagrin

J'ai Du chagrin, hagnigonkenheyons sanigonkenheyon ila honigonkenheyou

	ch .. ch .	
pe chagrinne,	kenigonkenheyatha, chenigonkenheyatha	chagonigonkenheyatha

chair gahra

chaisne degarichtotahahyi

chaleur. dehiodonkgahat

chambre, ganackta

champ, kahenta

champignon Oneracha

au jeu — chance, senda

chanceux, atochage eraujeu hoyata nonhgé

chandelle, tchichtodakkga, yel kahachera

chandelier, hatchichkodakkga

changeant, dehoterihganedicehkon

pe change, degatatahgé dechatatahgé, dehatato
                    je   tu   il

pe change d'avis, donsongaterihgatenion

l'avis est changé, dedgioterihgatenion

chanson, karenna,

pe chante gaderinnota chaderinnota haderinnota

pe chante unne chanson De mort,
           gakrontha, yel hagnonharoricha

pe chante unne chanson De guerre
           gatonrontha chatonrontha hatonrontha

ch   ch

mon chapeau, hagnonrotchera, sanonrotchera, honon‑ on adjoute deyararenda
　　　　　　　　　　　　　　　　　　　　　　　　rotchera

j'ote mon chapeau, guenonrotchonch, chenonrotchonch

ferme ton chapeau, kenonrorkach, chenonrorkach, hanonron

chapelet garinsa Onrerennayendakka‑

chaque jour, hadezentragué

charbon, hon....da,   charbonné gassendahah

chardon, hononnitha

charge, karena

je charge quelqu'un, keguettach, cheguettach, haguettach

je suis chargé, gakkeré sakkeré hökellé

je charge un fusil: kaguenroch gachionra

charette, gasseretha

je charie, guesseré chesseré hasseré
charogne, kadgiettagrass

je vas a la chasse, gadoratch chadoratch hadoratch

je chasse quelqu'un, keyateggrata cheyateggrata chagoyateggs

Bon chasseur, hatzinatio

chateau, ganonchia atrinra yondakksi   maison en forme de fort

chat, tagôs,   chat sauvage tchouëraga

chataigne, öheriatha

ch

chatter,

φe | chatte Keehokyahebonk, chuhokyahebonk, tu chagochekya il

φe | chatouille dekensskyatanik, dechenssquyatanik ju
dechagonsskyatanik

chatouilleux

chatré, dehionda der honchia takkyero

φe | chatre dekenhonchia takkyaeh

chaud, starihen, il fait chaud, starihen,

φai | chaud, dehyaktowkyahas, desadonxx tu dehodonkyar il

chaudierre, Kanadzia

metre a la chaudierre

chanter

φime chaite, gatontetha chatontetha hatontetha
je sais chanter, gatarihata, chatarihata hatarihata

chausser

je chauso quelq; dekeyarattach, decheyarattach, dechagoya
je me chausse degarattach, decharattach, Deharattach

chausson hataveritchera

chauue Ononhyarenhi

chauue souris +

de la chaux hönagata

c' chef, hachennoanen,
je suis chef Kehennoanen Sachennoanen, quis haihen il es

Ch

il a fait Cela de son Chef
kadehayadi tcha ny hotierin

	chemin	8hate 8el 8haka
ſe montre	le chemin,	Kenadonnik tcha ohate
je cherche	le chemin,	Kahahichakeh, chahahichakeh, tu hahahichakeh
j'ai perdu	le chemin,	Ongatahattonni
ſe trouve	le chemin,	Skahahorens, tchahahorens, shahahorens

cheminée	gaturotha
chemise	Kagahencha
chêsne	garitii yoyez arbre
cher	ganoron

Cela m'est cher gnoronk8a chnoronk8a hanoronk8a

chercher

| ſe cherche | quelque chose, | guechakeh, chechakeh, ahesaku |
| ſe cherche | quelqu'un, | Keyatichiakeh, cheyatichiakeh, chagoyali |

cherir quelqu'un

ſe cherir: Kenoronk8a chenoronk8a chagonoronk

cheual, garondahonk8ik
ſe ɥas a cheual, hagueih il me porte le cheual Karondahonk8ik

cheuelure, hononk8era
j'ai une Belle cheuelure, haknonk8erio
tuas &c sanonk8erio il a honk8erio

il a une Belle cheuelure hegu8zio—
no cheuux sen coupés
Yel honk8erio

chè

		cheuet
	cheueux, ak8êrochia	haskenserakk8a
Se faire les cheueux,	gadenonkaronch	chadenosekaronch hadenonkaronch
	cheuille, entonio Dakk8a	
	la cheuille Dupied,	
	cheuillé hotchiharog8ague	
ꝗe	cheuille; kohacht8tha, chohach	tu lotha hakyachlo tha
	cheureuil chkenonton,	petit cheureuil ȣstienha
	Chez, tcha chez lui tcha ho	tonchiayen

chi

je suis	chiche, hagnion sanioro goñon	ꝗel hagnonchtô ꝗ. sanonchté hononchté
chichicoi gastal8erechen Voyez le supplement	chicot horengarôta	
	chien tchirha	
	chier	
ꝗe	chie quennidahienha tchennidahienha,	hennidahienha
	chirugien, hatedgiens	

cho

	choisir	
ꝗe	choisis degoriachionch dekioriachionch, dehoriachi
ꝗe	choisiroix, degoriachionchk8a
ꝗai	choisi. de gagoriachion
ꝗauois	choisi hadegoriachionch
ꝗe	choisirai, endegorachia

Cho

choquer offenser quelqu'un, Kehagatha, chehagatha
se choqué enragé se degaderiatikonk   il chagohagatha
se rien choque, gadathagatha, chadathagatha hadathag[a]
chose   quelque chose chçenchonh
C'est la même chose; sagat vel sagata
chou ononxaha, ŏnŏchx
chouette onhxarère
chrétien hagixihixsti sarixihionsti horixihixsti
chute d'eau gaskonchiate

Ci   Ci

Cidre hoyagri
Ciel garonhiagué
Cierge, ononchatoguentigué onxacherodakksa
Cigale Kanenhariota
Cigne héhé
Cigue hönachinra
La Cime d'un arbre garinhaguenhiata
La Cime d'une Montagne honondaguenhiata
Cimetierre Ondadenonta hachta
Cinq 8is8; vel 8iehk
Cinquante 8iehk Ni8assen
Le Circuit d'une chose, Dediotgatxxé
Ciseau tegasserassera
Citron fruit Onehxensta

Cl Cl

Clair   dehiorhatek   Clair net dehioslatek

clair qui n'est point trouble, hiaté hönékhon

clair qui n'est point épais ; hiaté hössera

Clair de Lune, Endéhen, tcha garakkga sonrek ha

claye,   gayasentaha.

clef,   enholongsatta

cligner les yeux ; degaskarikech

clein d'œil, deyonkkarikuhta

cloche,   hehgichtondadakkga

Çáyasa cloche pied, skachidata kengga higué

cloison,   Deguensaton

clos, desakthinrathon clôture

clou heronhgarodakkga

clou aposteme goggaronda

Çaiun clou, akkgaronhra sakgaronta hakkgaronk

Çe Cloüe gronhgarota chronhgarota, haronhga
                                    hu   il

cloué   garonhgaratha

CO

Cochon   Kgichkgich

Cocu   honhgentogganik

Cœur,   hahgniachia

Çai du Cœur, gateriatha chasgiatha hatiriata

Co

j'ay as | j'ai mal au Cœur, de 8agué chgahatarik, 8el haguesiashanon

à contre Cœur, hiaté 8agrihsiosek teha higué

de Bon Cœur; 8agrihsiosek

Coffre   Kahonchera

Cogner,   hesgikken hechta

je Cogne, k8aheeh, ch8aheeh   ahgaheek

au Coin,   Kensakta

Col,   honiara

qui est en Colere,   könäk8enhi

                                    tu
je mets en Colere, ongnak8enha hesanak8enha
                                       il
                                    öhönäk8enha

                                     tu
je fais Metre en Colere, Kenak8atanik chenak8atanik
                                       il
                                    chagonak8atani

je suis Sujet a Colere, Könak8enchkon,|

j'ai la Colique, hagué chiontanon8akeh, sachiontanons

de la Colle 8sehta

                                  tu   il
je colle, guèsehtahaeh chesehtahaeh, hasehe

Collier parure,   garinsa

Collier pour affaires, gach8entha - - -

Collier aporter, gachaä

Collier a lier des prisonniers, garonka ä

Colorer Donner de la Couleur

je Colore, gass8eh chass8eh, hass8eh

CO

Colter, degaletiënach

Combat, onderioch

Je Combats, gaderioch chaderioch haderioch

Combien, tönison

Combien Dhommes, toni hennadi

Combien je sous estime, tchani gorinoronkra

Comble, plein, Degaheron, Yel, heyotchiodziota

Combler, deguechodziota, Dechéchodziota, dehi͡x

Je Commande, Kenhanha chenhanha chagonhanha

Comme toi, tcha niss is

Comme tu voudras, Enchennontonk

Comme Si, tcha nist

Commencé, gassaga,

Je Commence, gatierentha, chatierentha, hatieron Yel gassahgach, · · · ·

Je Commence a jouer, tcha Deguientha

Je Commence ämeguerir, tcha Jgagadonhatié Yel tcha aktchirenda hi

Comment, hot nist

Comment as tu fait Cela, hot nosa sayeriss

Commerce,

Je fais Commerce, gatenninonk chatenninonk hatenninonk

Commerceant, hatenninonk

CO

commission

φe donne Commission, Kerigakiettanik, cherthganiettanik
il chagorihganiettanik

Commode, ochiensti, 3el sganore

Commun, paorare, hiate Kaquentré

φe suis en Communauté, degagadiechti,

Communier

φe Communie, ongatkaristian hontgach

φe Communiq; Keyarongata, cheyarongata, chagoyarongr
une affaire

mon, Compagnon, hagné

ma Compagne, dehagniderou, desniderou, dehniderou

il n'y a pas de Comparaison, hiaté deskerigatierin

Compas, onteniendenchta

φe Compasse, gateniendencha chateniens katenien

Compassion

φai Compassion, Ketinrhek, chetinrhek, chagötinrhek

je suis, Complice, guiataha teha akirio.

Complot, amas öderigichchiate

φe fais Complot, gaderigichhach, chaderigichhach
haderigichhach

Composé

φe me Composé, gadadongsediechti, ou
3el gadatnayettanik

Com.

Compter

Je Compte gaderich, sathlerich, hatherich

Je rend compte Skrihokta, tcherihokta, sharihokta

Une affaire

Conclu parlant d'affaires, hoterihsichiahi

Je Conclus, arihonniaha, therihonniaha, harihonniaha

Concubine, s gotchinadonk,

Condamné onhadsentethi

Je Condamne, gadsendetha, chadsendetha, hadsend

Je Conduis, kederonné, chederonné, chagaderonné

confesser quelqu'un.

Je Conseille, skerongsanik, scherongsanik, schagorongsanik (il se)

Je me Confesse, skataterongsanik, tchataterongs, shatatérongsa (il se)

Je Confesse jaouiii, gadatnoyotachionch, sadatnoya, chadatnoya

Confiance

J'ai Confiance en quelqu'un, keyennigonrankendagui

Confidence

Je fais Confidence, d'a verigué keyatoriennik

Je me Confie en sa, guiatahas, chiataas, chagoyataas

Confirmé parlant d'affaires

Je Confirme, orihsihio gonniaha, chonniaha ronniaha

Con.

se Conformer a ss.

Je Me Conforme, kenagueranik chenagueranik chagoura

Je Confronte keriyatakksassek, cherisatakksassek, chagoris

Congelé hönechtö

Je Conjecture, gsatiguerhé, gsatcherhe, gsati rerhé

Connoitre quelquun

Je Connois keyentes cheyentes chagoyentes

Je Connoissois, keyendeskga

J'ai Connu keyendeki

Je Connoitrai enguiendenha

Conquester un pais

Je Conqueste, agnatagariahon sanatagariahon, hanatagaria...

Je tiens Conseil,, akhachin, sahachin, öhachin

on tient Conseil, köhachin

                                                        tu
Je Conseille quelquun, Kerihgatienstanik, cheriky...
                                                        il
Yel dekeyatorettanik   chagorihk
                                    tu
Je Consens, ongatons hésadons gahodons

Je Conserve, hagadensetti l'est adire je lai Caché

Je Considere j'regarde, gueklönk cheklönk haklönk

              quelque chose   tu
Je Considere j'estime, gnoronkga chnoronkga
                                            il
                                            hanoronkga

J'ai estimé Kenoronkgi
quelquun.

Consoler

je Console, quelq. Kenigonracheronninha, chenigonracherinnia
il
j'ette Console, gadatnigenracheronniaha; chagonigonracheronni

je consolois, Kenigonracheronniahakksa
j'ai Consolé Kenigonracheröni   j'avois Consolé
                                      Kenigonracheroninna
je Consolerai Enknigonracheronniaha

Subjunctif

je Console it ac præs.
je Consolerois, akenigonracheronniaha
j'aurois Consolé sakenigonracheroninna
j'aurai Consolé akenigonracheronnik

j'ette Console, gonnigonracheronniaha
tu me console, chkenigonracheronniaha
je le Console, hénigonracheronniaha
il me Console, haknigonracheronniaha
tu le Console, hochënigonracheronniaha
il te Console, hianigonracheronniaha
il le Console, hönigonracheronniaha

Consommé, hategagaechatti
je Consomme; guechatta chechatta hatchalla
                                                      tu
je suis Constant haknigonranendagui sanigonranendagui
                                         il
                                    hanigonranendagui

CON

Cela est Constant, garigatôguen

Construire, genniaha tu chenniaha il renniaha

Consulter, kerigahiennik cherigahiennik chagerigahiennik

Constipé aguidanoronk saindanoronk hadanoronk

Conte Kagara

Je fais un Conte, kkaralonk chkaralonk hakaralonk

Je suis Content, haknigenriosek sanigenriosek honigenriosek

Contigu, deguiatera neguen

Continuellement, tiotkont

Cela Continuë, gagarigatatie; tel gagatatie

Je Continuë, hegadokta; he thadokta héhadokta

au Contraire; hiadeskiaterihgationn

Je Contrarie Kerahindakkge

Contre, degraneguen

Contre Coup, dedigttatahion

Je Contredis, kenoyenganik chenoyenganik chagenoy

Je Contrefais Kenagueranik chenagueranik chagenagu

Contrefait difforme, kahetken

CON

Contrepoison, ononkzatchera médecinne, a le preuve des sorciers deyerenguennion hauzkou

Contusion, hotohka

Cela Ennuient, örasek

Conuient, otihiatetoquensi otinouchiayeu

Conuier, kenonkhé chenonkhé chagonenkhé

Cop

Copeau, ökara

Coq, kitkit katzina

Coquille, ganocha

Coquin, rongxida hesken

Corbeau, kakaa

Corde, gachira

je Corde, kehiriek chchiriek hachiriek

Cordon, karonkaa

Cordonnier, hattakonnich

Corne, kanagàn

Corneille, kagaa

  mon   son
Ycl Le Corps haguiata sayata hayata
 guierongué chierongué hayerongué
                                      tu   il
Corriger quelqu'un kehrezatta cherezatta chagori

       me
je Corrige gadatrézatta chadatrezatta hadatrezatta

COR

	corrompre quelquun	il hagonronrodag
pe	Corromps, Kenigonrodaggach, chenigonrodaggach	que
	corrompu, viande corrompue, ȣararken	
	coste es ottëgaa	
	coste rivage, Kenhionhaktarie	
le	Costé ochra	
a	Costé, aktaa	
	a côté de Moi, guiadakta chiadakta, hoyadakta	
	de tous côtés, dedziaronkȣi	
	Dun autre Côté, heren haggati	
	De Ce Côté cy, nen haggati	
	L'un a passé d'un Coté lautre de lautre, ȣadia, guia tenna ga	
	de quel Côté, Canen hagga	
	Coteau, deganessuronhga	au haut du côteau Kenhiata
	Coton, hoskaa	
	Se couchant, hadesatchotgach hagga	
	couché, kendagra	
pe Me Couche, garatch charatch haratch		
peffas me Coucher, garatché charatché haratché		
pe Couche en joüe, gadesseronniaha	que chadesseronni il kadesseronniaha
Coucou il n'y en a point en Canada		

COU

Coude, Kiouchagué

Coudée, dzichiouchara, tcha hions

Coulant, L'eau Coule, hatnegongotta

Couler quelq. chose, degongotta dechongotta ou dehongotta

Couleur, gassohgi

Couleuvre, hu sariota

Coulisse, hatnegongottakksa

¢e Donne un Coup, Keyenta cheyenta chagoyenta

¢e Donne un Coup De pied, Keyarasintgach, cheyarasintgach, chagoyarasintga

Coup De poin, Kegonrkga, chegonrkga, chagogonrk

faire Coup, galagentga, chatagentga, hatagentga

a Coup Seur, hiate hagea ayagoyehga

¢e Donne un Coup d'œil, Keyatkarionta, cheyatkarisatta ou chagoyatkarisa

Coup sur Coup, deguiagenna seratié

faire Manquer le Coup a quelqu'un,

¢e fais ¢s Keyatoriennik, cheyatoriennik, chagoya

¢e Manque Mon Coup, Jagatgatta, Sachatgatta, Sahatgata

Coupé, degayagui

¢e Coupe deguiakch, Yel krenach chrenach ou harinach — avec un Couteau

Ynne Coupe De Bois, Köroho

COU

Courage; tchiaguen

                                        tu   il

Je prend Courage, haguedziaguen, sadgiaguen, hadgiagueu

Je perds Courage, gatchentha, chatchentha, hatchentha

                                         tu   il

Je donne Courage, kehedgiaronk, chehedgiaronk, chagon

                                       tu as

J'ai du Courage, hiatô hökkeniak, hiate sagseniak

Le Courant de l'eau, hona sate

Courbé deyagotchakton

                                      tu

Je me Courbe, degatchaktonek, dechatchaktonek, dechatchaktonek

Je Cours, ktakhé chkakhé hatakhé,

                                               Vous

Je Cours Contre un autre; haguiareren dedgiareron, dehiareron

Le Bruit Court, gaterihguines

La Course Legere, guianôré chianôré hayanôré

Court, gagsa

S'arester Court, guiatatinchta, chiatatinchta, hayatinchta

Cousin, guiaraśé

ma Cousinne aguiaraśé

         Remarque

ils appellent Cousin, les enfans d'un frere et
d'une sœur, Car Ceux des deux freres
ou de deux sœurs, sont freres et sœurs

COU

Cousu, Kanigon   Contenu
                                                          assa

mon Couteau haoussa, sassa hossa,

Couter Cela Coute Beaucoup; hossencheröganeu

Cela Coute tant, nëtö niö serenchera

Coütume C'est la Coütume; Sahagoyerat

                                    C'est ta   Cng sa ts
C'est ma Coütume saonguierat, sasayerat sahöyerat

Couvent, voyez Convent

Couvrir

Je Couvre gatinnachin, chatinnachin kötinnachin

Couvercle, hekohronsa

à couvert, enguié

Mets a Couvert, enguié heguienha, enguié hechienha
                                              enguié hehayenha

Couverture de Maison, hinencha kohronota

Couverture de lit, öyenchera
                                       tu   il
Je me Couvre gatkohronch, chaskohronch, haskohron

Je Couvre quelqu'un, kekohronch, chekohronch, chagokoh
                             un mort,   je couvre
Je Couvre un mort, agenheyonda kehgassek, chehgassek
                                                    chagogassek
Je me Couvre gatatrasek chatatrasek hatatrasek
je machette dequoi me Couvrir CRA

crachat hötkra
                                       tu   il dist
Je Crache, gnitchkrondies, thnitchkrondies hanitchkron

Cra

Je Crache sur quelqu'un
 Kenitchkrondies, chenitchkrondies chagonitchkroni

craindre

Je Crains quelqu'un, ketaggas chetaggas hötaggas
Je Crains, agatterons Jatterons hötterons

Remarque

aprez le verbe Craindre lorsqu'il suis lejde
et les, que, acompagnez d'unne seule Negation
Come je Crains que tu Netombe on tourne
je crois que tu tomberas

crampe
J'ai la Crampe, hagatchichtenhi | tu Jatchichtenhi
                                 | il hotchichtenhi

le Crâne   hononhaa

Crapaux   Nonskyaragjaronton

Craquer Cela Craque, yakkyaniakch

Crasse,   hostagga

Je suis Crasseux, hägnestaggara Jänestaggara, hönestagga

Crayon,   heyatonkkra

Cre

Creature, agongsé

Cre

	de tout temps	nó
Créateur,	ontón sene gionni tchi hanaguéré	hagseguinhehochiahi

Credit
il a tout fait

	en me prêt.	on se prêt.	en lui prêt.
J'achepte à Credit,	enkkarotanik	hesakarotanik	honhakarotan
Je Vend à Credit,	hekarotanik	chekarotanik	chagokarotanik

Creste ogodgiahon

			Creué de manger
Creués,	dehodiastonegaron		honattiagui

Se Creuer, guennattiakeh, chennattiakeh, hennattiakeh
de manger
Je Creux quelq chose, degranegaronch, dechranegaronch _tu_
                                                      _il_ deharasegaronch

Je Creux les yeux, Kegattahsenhionch, chegattahsenhionch _tu_
                                                         _il_ chagogattahsenhionch

Creusé, 8chatonni

Je Crease, Kehatonniaha chehatonniaha, _tu_ _il_ hachatoro

Creux 8chaté

Je fais un Cri de joye, Degadondarikta, dechadondarikta _tu_
nouvelle
Je fais un Cri de Mort, de sakkenhretta, de sakkenhretta _tu_ _il_ dehakkenhretta

Je fais le Cri, gatsennotin chatsennotin hatsennotin _tu_ _il_

Je Crie je piaille, degarsintsach decharsintsach, deharsintsa _tu_ _il_

Enfant Criard, hogodzidassen

Je fais un Cri de Mort, Kenhré chenhré ahenhré _tu_ _il_

Je fais un Crime, degaderisatgatta, dechaderisalouatta _tu_
                                                         _il_ dehaderisatgatta

Crible, deyagongottakkya

Cri

Crin, karondatienksik ahserôchia

cristal, okonchotchera

crochet gatziontkaä

Je fais un Crochet gatziontkaronniaha, chat, & has ⁽ʲᵒⁱ ⁱˡ⁾

crochu, deyorkehaklon

Crocodille totich gona id qua lezard

Croire on Croit, enrhé ⁽ʲᵉ ᶜʳᵒⁱˢ ᵠᵘᵉ ᵒᵘⁱ⁾ hia

Je Crois, guerhé, cherhé rerhé

Croiser, deguiasseraha, dechiasserata, dehayasserat ⁽ⁱˡ⁾

Croisé degayasserahsi

le Croissant, t ason ve hoterakksichiahy

Croitre grandir

Je Crais garotiach chatotiach, hatotiach

Croix degayachonda.

Je Croque, gadenotziotta chadenotziotta hadenotziotta ⁽ᵗᵘ ⁱˡ⁾

Crosse a jouer, Kanhia, dchientchiksahechta

Je Joue a la Crosse, desagatchikksahé, dechatchikksahé dehatchikksahé

Crote 8dara   Croté 8dararigui

Je me Crotte, gadattarach chatattarach hatattarach

Je Crote quelquun, ketarach, chetarach Chagotarat

CRO

Croupe &hacha

Croupi, eau Croupie hiare sarnigaktendianek

Croupion, &. Croupe

Croûte, depain onasenkäa   Croute deNege ahsensser

Croyable ahsea yel oyendes

Crud, hougâté

Cruel heniagäste

Cu

Cul ou Cu, hotchigära
je fais la Culbute deguennonhyé deriakek
Cueillir
je Cueille; guegsach chegsach hagsach
je Cueille gnongsentch, chnougsentch, hanongsentch yel
Cuillier, hatogsatchera
Cuir, guennonk
je fais Cuire, krittha chrittha karittha
Cela est Cuit, karitthi yel higri
Cela me Cuit, hagronksarik
Cuisse, honitcha
Cuit, higri
Cuivre, achaudierre kanadzia steguenschora sot
Culotte, hetnatchoktta

Cu

Cultiver la terre;

Je Cultive, guientgach, chientgach hayentyat
                              ondenotahaggatta

Cure dent, ondeRodziaguëtgattakk8a

Cure oreille, ondadahontaguetgattakk8a

                                             ni
Je suis Curieux, gatarondonchkon, chatarondonchkon
                                                    il
                                                               hatarondonchkon

Cy

Cygne hêtré

Suppleemens

Ce que je mange m'est Contraire hagoriatasik

Je sais faire Coup aun parti que je rincontre et que je
fais relacher, en lui donnant un prisonnier
Keyatahgentgasé cheyatahgentgasé chagoyan

Le Chichicoi est une gourde dans la quelle ils mettent
des grennes ou des graindes de petits rapade, avec
laquelle ils batent la mesure dans leurs Chansons

Je bats la Mesure avec le Chichicoi
guechtahgenserondakta, chochtaghachtah

Supplement
a la lettre C.

da   da

daguet jeune Cerf ; Tchsgarakak ganacha
                                        sadegna

Dame, R,hona.

les Dames les anciennes, honatonhisen

Damné ; Onëchon dehatonhonkariakch

femme Damnée Onëchon, gatatiadondietta
                enfer

Damoiselle, echennoganen gonhadektont, Iakcha
                                                gona

Danger il y a du danger, Deyodenonhianitti

Je suis en danger, Deyodenonhianitti teha guideron-

Dans   hagonhsa

Dans; dans l'espace de... Ne S'eapti(me) point

Danse ononnia

je Danse, gnonniaha chnonniaha hanonniaha

je Danse, la découverte ; gattonkra yenha, chattonkra yenha, hattonkra
                                                tu   il
je Danse le Calumet, gueneregsarahech cheneregsarahech, haneri
                                            tu   il
je Danse entend, gastoroch chastoroch hastoroch

je Danse la medicine ; Khidoch, chidoch haidoch

j'ai envie de
Danser   gnonnia nonakch, chnonnia nonakch, hanonnia
                                 tu   il
                                                        nonakch

je Danse Degatkra dechatkra Dehatkra

da

φedans Bien, gnonniakienk chnonniakienk^{tu} hanonniakien^{il}

dard, hetgiondokia g8atta

φedarde, kag8atta, chag8atta hag8atta

φedardedupoisson kedgiondokiag8ach chedgiondokiag8^{tu} kedgiondokiag8a^{il}

jai unne dartre, hagneyonchkk8a

davantage hipp8a

de   Voy: lesupplément

il est mal de mentir

De deux jours l'un, skatagendahsettaahsi

de trois en trois, ahenchon

φesouhaite de lebonnoitre, guerhé aheyentenha

dé a jouer; Oninchtaa

dé a coudre, onniohahakk8a

deBaler,

φe deBale ga8akk8arichchioneh, cha8akk8nde^{tu} ha8akk8a^{il}

detendu debandé, skatichion

se debander, gadekachioneh chadekachioneh^{tu} hadekachioneh^{il}

Nous Nous Sommes debandés

deongradekachion

de   de

fme deBarbouillé, gatkonchöharch, chatkonchor hatkonchoharch

fe. deBarque, gadidakkxa chadidakkxa hadidakkxa

         tu   il
fe deBarasse, heren gakkxilahronk, heren chakkxilahronk, heren chakkxila

feme debaté, gatoriahronk chatoriahronk hotoriahronk

deBeauché, khadchorixahienton garigahetkenchera

                                                     il
fr deBauché, kenigonrodaggach chenigonrodaggach chagonigon

                                                       il
fe suis deBille haguialaguenheyon, sayalaguenheyon, hoyata
                                                       guenheyon

deBonder, kehirodaggach, vehirodaggach hachirodaggach
unBard

Cela deBorde heyö'nentonk

lariviere est debordée, höknötrndié, Yel hotnega gennu

deBouché, skachiharonggen
                                         il
fe DeBoucher, skachiharongwach, orionchiverongynnch
              kehiharonggach, vehiharonggach, hachiharonggach

deBourbé, ödaraguenhi

                            tu   il
Je DeBourber, Xtaraguens chtaraguens, hataraguens

Cela deboute, hodokta

Je DeBrouille, degoriachionch, dechoriachionch, dehoria
                                                chionch

Deça Endeça, gärö ahongatakks

de de

φe de cacheté, kesechtagatchonch, chesechtagatchonch, katagat

φe de campe, degnatakkga, dechnatakkga, dehanatakkga

φe de capité, keniariakck, cheniariakck, chagoniariakeh

φeme deccinée, ganaggarichionch, chanaggarichionch, hataggarie

de celer Voyez decouvrir .....

le mois de decembre

φe deckaisne, dekehgichtondaggach, deckehgislondaggach,
dechagahgislondag

φeme decharge, *predens* hagatrenayenha,
gagatrenayen, *tu* satrenayen, *il* hatrenayen
trospassé

φe decharge quelq; kehrenagack, vel keguettachionch, melius
jaide a decharger *je decharg*

Yune decharge de coups de fusil, sadiechanra gatton

φe decharge Mon cœur; dagrigaihatta, *jedis toute Ceg:* icha nigakngenrotin *je pense*

φe dechausse, dekarattachionch, decherittachionch, de *chaga* attachion
ch

φeme dechause, degarattachionch, desarattachionch,
tu il de harattachionch

Dechiré, ōteradzion ..

φe dechire, *tu* gratzionch, chrazgionch, *il* haragzionch

L'affaire est decidée, onen gōrigichiati

φe de cidé, *je parle un dernier resort* hadiggennagonda, hadechoennagonda, hadehhgennagg

decloué hoteronhgarondaggen

φe de cloüé, kronhgarodaggach, *tu* chronhgarondaggach,
il haronharondaggach

de de

je decoche (une fleche), guiagsach, chiagsach, hayagsach

je decolle, skranendachionch, chranendachionch, haranendach...

Deconcerté, gsati hödé tika hötän

je deconcerté, kedechta, chedechta, khagodechta

je decouds, kenikongsach, chenikongsach (tu), chagonikongsach (il)

femme de courage, voyez; Courage

Decours de la lune, nigensáita guenhiata

Décousu; kanikongsen

parti decouvert, onhatikakkennion

je jay la decouverte, sagatkatahné, satkatahné, hatkatahné

je decouvre, kegakkennionch, chegakkennionch, chagogakken...

je decouvre (jetté une Couverture), kehgasseronch, chehgasseronch, chiagohgasseronch

je decouvre, kerihonatta, cherihonatta, harihonatta

je decele une affaire secrette

je decouvre une affaire, grihorens, chrihorens, hanhorens

je m'aperçois de ... coquel des ... affair ...

je suis la Crasse / je lave la Crasse

je decrasse, guestagsaraguehsach, sel guestagsarohasech

je me decrasse, gadarestagsarohasech, chatadestagsarohasech

je suis decrepit, gadiadichchiaki, sadiadichchiaki, hodiadichch... aki

Decroché, ganiondagsen

je decroche, kniondaggach, chniondaggach, haniondaggach

de.

je me decroile, gadatctarague8ach, chadatetarague8an tu il hadatetarague8an

je dedaigne, Kguenranik chguenranik haguenranick

jesuis dedaigneux, Kguenranichkon chegueenranichkon haguenranichkon

Dedans, agonhra

je me dedis, sagatadennoyenta, sachaladennoyenta Sahatdennoyen

je dedis quelq, Kennoyentanik chennoyentanik chagonnoyenta

je deffais, Skegatchonch tchegatchonch Shagatchonch

jai des deffauts, hadekagrigahienton gahetkon

je deffends, Keyarichta cheyarichta hayarichta

je deffends quelqu'un, Kenhek chenhek chagonhek

je sais un defti, gatongarotha chatongarotha hatongarotha

je me deftie de, Kenigonrallagras chenigonrallagras chagonigonr_

defoncés hotenerarichchon

je defonce, Kenererarichchonch, chenererarichchonch hanererarichchon tu il

Defriché, Kahentonni

je Defriche, Kendonniaha chendonniaha ahentonniaha

Defunt, Kogakiondon

Se degagerde, deskalatiadakkra, detchatatiadakkra, detchatiyadakk_

degager quelq. chose, deskekra Kagaranonna
  jendire ma gagis

de

Le degel, ganonnianaɛenha

Cela est degelé, ononnianaɛen

Je sais degeler, gnonnianaɛenta chnonnianaɛenta (tu), hanonniamaɛenta (il)

Je suis degouté, hiachtente saakkahɛach; thiachtento tia sakahɛacho

degouter Cela degoute; ɛatchahonnionk

Je degraisse de la Viande, deguendonseraguenseronch

Je degraisse, knaguekɛach chnaguekɛach (tu) hanaguekɛar (il)

un degré heratinchta

deguisé, hoya ni hodiadodinchti

Je me deguise, höya niguiadotinchtas, hoya ni saɛadotinchti (ou tu)

Je deguise ma pensée, kerisasella teha nikatnigonrotin (ma pensée)

Dehors asté

deja ou desja, ononniguiken

dela; tŏ

audela chihagɛn

il s'en suit dela
ontourne R la en Cause   delaisser
                                   Voyez abandonner
delassé, hiato ssaguechkenhepan

Je me delasse Voyez se reposer

gatonrichehenha chatonrichehenha hatonrichehenha

de

delayé de ga senrié

φe delaye, degasenriek deckasenriek dehahsenriek

φe delibere, deguiatoretta decchiatoretta dehayatoretta

φι sais Delicat, hakkonniench, sakonniench hakkonniench

φe delie unprisonnier, kecharondagsach, checharondagsach il chagocharondagsa

φe delice, grinchionch, chrinchionch harinchionch

Le deluge, Vehi honadonnion senegiagsegui
Vel Sahonnonha senegiagsegui

φe demaillote Kerkonchera gatchonch, cherhonchera gatcho harhonchera gatchono

demain, hiourhenna
après demain Endgisrhenna, vel oya hisrhenna

φe demande, knegānik eknegānik hareganik

Cela demange, horenkgat, Cela me demange hagrenkganik

Demarche, hayana, Belle demarche hayakie Mauvaise demarche hayana hetken

dematé, oderondodagsen, ontiencherodakksu
φai dematé, ongaderondodagsen, hesaderondodagsen, il hotonderodagsen

φe demesle, degorachionch, deckorachionch, dehoriachionch

φe demembre, hagatchioha, Satchioha hatchioha

demême, Sagat vel Netōnioux

φe demente quelquun, Kenoyentsanik chenoyentsavik chagoryentsavik

de

demettre

φ je suis demis le Bras, hagnenscha nihi, sanenschanihi tu
honenschanihi il

φ e demeure. eguideron rehideron rheniheron

mademeure y. Mlacabanne

a demi, achennenk saitademi achennenk ngahek
en

demoli, ötkarchon

φ e demolis, kkatchonch, chkatchonch shakatchonch

demon Rechchon Rhonon

φ e denote quelqu'un, keyatanota cheyatanota chagoyatanota

deNoué, ganeskarodagsen

φ e denoue, gnoskgaredaggach, Yel krinchiench

dent, hönötzia j'ai mal aux dents, hagnogariakch

φ arache unne dent, kenstgiodaggach, chenstgiodaggach
chagonstgiodaggs

φ e depesche quelquun, dikenongariahalanik &

φ e Me depesche, Desaknongariahens desanongariahens
dekonongariahens
homme de peins, heyataa, depeint kahiaton Yel gayanati

φ e de peins, kianata chianata kayanatha

depenser, sondien tu mange mes Peyus
φ x gadekgichiach teha nigaguien, charek gichiach tekani
tu ne
sayen

depeuplé, ondaton sensgiattonti

φ e depeuple, keyon sensgiattonti cheyon sensgiattonti
chago sensgiattonti

de — de

deplacé heren skayen

φ e deplace, heren heskienha, heren heschienha, heren hehayenha

φ e deplais tourner, on me hait Voyez hair

deplanter skahniodagsen

φ e deplante, keniodagsach cheniodagsach skaniodagsach

φ e deployé mon sort gatadenhatinhass

φ e deploye, khaggarichionch chhaggarichionch, hatagsan il nu

Depouillé; ondatgasseronkği

φ e depouille, kehgasserach chehgasserach chagohgasserach

φ e me depouille gadgasseronch, chadgasseronch hadgasseronch

depuis ği; togué

depuis quand   gentonké   Depuceler
                                Dekeyahariak
de quoy? hot.

deraciné, gakterodagsen

φ e deracine, kterodaggach, chterodaggach hakterodaggan

derangé
φ e derange   Voyez deplacer Vel heren kahgittaher

derechef, hoyagsa

dernier; le plus jeune hochtği

φ e suis le dernier, onaguen higue, onaguen hiches Onaguen
a marcher.   hires

de   der   57

φe derobe kenenehkꭓach chinenehkꭓach hanenehkꭓach

  a la derobée, dassettigué

φe derouille, ᵏᵉᶜʰkenseraguꭓach, ᶜʰᵘᵗ ꭓenseraguꭓach, hackꭓenseraguꭓach

φe deroule, kꭓenonniachonck, chꭓenonniachonck, hakꭓenonniach

  derrierre, onaguen hagꭓa

  derrierre moi, knaguen hagꭓa yel kechonné hagꭓa

  derrierre toi, chnaguen hagꭓa yel chechonné hagꭓa

  derriere lui, honaguen hagꭓa yel hechonné hagꭓa

  des que, tòke gꭓato

φe desacoutume, ˢᵃⁱⁿᵗᵉ ˢᵘ sꭓagri hondies, dꭓitari ʰondies, ⁱˡ shorihoudies

φe desaltere, keyonrianaꭓenta, ᵗᵘ cheyonrianaꭓenta, ⁱˡ chagoyonrianaꭓenta

φeme des altere, gadatorianaꭓenta,   Cela desaltere Ahonrianaꭓens

φe desaprouue,   voyez je blame

φe desarme, kekꭓach ondatienta chekꭓach ondatienta
  jote les armes   chagogꭓach, ondatienta

φe desauoir gatonhiha chatonhiha katonhiha

φe descend, gatkꭓenenta chatkꭓenenta hakkꭓenenta

  descente, ꭓhahasnenti, id. chemingui descent

  descente de Boyeaux
  hanhonchagonkꭓa hehiosensi nioyenrassa

De

desemplir 3: 3ider

desensé, hiato dziodoga, gadogachion

φedesensle, skadogachionch tchadogachionch shodogachionch

φedeserenuie, kenigonroriaha chenigonroriaha chagonigonroriaha
            jeguerio   le sort qu'on lui a jetté
desensorceler, skedgiens ondatahennaka ginwa

          reratrape d'esprit qui lui fin mauvis été
φemedesenjure, sgagattoguen hatie hagnongahatonkihna

φedesenjure, kenigonrondahach, chenigonrondahach chagonigonron
quelqu'un

Desert kayentsi 3el kayentayen

φedeserte kentonniaha, chendonniaha ahendonniaha

φedeserte jesuis; gadiadattonta, chadiadattonta hadiadattonta
              3el skeniaguens, tcheniaguens sheniaguens

Desesperé, honigonkenhëyon,
jesuis au desespoir haknigonkenhëyon   je m'afflige
φeme desespere, gaguennigonriakeh, 3el haguennigonkenheyon

φesu desespere, gati gaguennigonriagui

φemets au desespoir; kenigonkenheyata, chenigonkenheyata
                                              chagonigonkenheya

φemedeshabille, gatgasseronch, chatgasseronch hatgasseronch

φedeshabille, kegasseronch, 3el keyatagittachionch

φedeshonore; keyatehata cheyatehata chagoyatehata

φemedeshonore, gadatatehata, chadatatehata hadatatehata

Dessa3ite höchnöre

30   de   dé   30

desir
je desire, garaganhek charaganhek haraganhek
je desobeis, kezennondies chezennondies chayezennondies
desolé voyés affligé
desordre, dcyahonniagak
desormais, enskenhatié
desossé gachtiendatakken
je desosse, guechtiendaggach chechtiendaggach hachtiendaggach
viande desséchée ghganatin
je fais dessecher, guerhata cherhata, harhata
j'ai dessein guerhé cherhé rerhé
a dessein, ti hagetti,   sans dessein chkenon.
dessalé; hiate dziodchiketaa
je fais dessaler, gnanagenta, aontedikizanendachia   *je fais tremper pour que le sel se détache*
desserré, karodinchti
je desserre krodinchta chrodinchta harodinchta
je dessine guianata chianata hayanata
dessoudé, tiodassonderaggen
je dessoude gassonderaggach chassonderaggach hassonderaggach il
dessous, haganhga
dessus henskeu
pardessus

des

C'est mon destin, hageri, tchaniɤaguiddodenchi

desunir, les esprits

φ desunis dekenigonrakachionch, dechenigonrakachionch, dechagonigonrakach

detaché haterinchion

φ detache krinchionch, chrinchionch, harinchionch

homme determiné kiachtende hallaggas

femme determine, gatadenigonrichkakch, chagadenigonrichhach

deteindre
mort deterré, ondatchatongɤen. skassogɤach

φ deterre un mort, kechatongɤach, chechatongɤach, hachatong

φ deterre quelq. chose, kchatongɤach, tchatongɤach, shachatongs

φ deteste quelq. chose, kechɤahens, chechɤahens, hachɤahens

jaiune detorse, hagaecharakkiagui

detortillé, kahɤadasechon

φ detortille, kɤadachechonch, chɤadachechonch, hahɤadasechonch

detour, heren nheyontronhaggen

φ prendre un detour, heren hengatronhagga, heren ɤachatronhagga

φ detourne, heren hekkattha, heren hechkattha, il hehagattha

femme detourné heren hechatkaktha, heren hechatkattha
                 heren skatkattha

φ detrempe, gnanaɤenra, chnanaɤenra, hanana ɤenra

detrempé gananaɤenri

de

En detroit dchistahué.

φ. detruis, ga zentzach chazentzach, hazentzach.
φ. devance keyatongottanik cheyatongottanik chagoyatongottanik
à la course

devant, chenton
φ. suas audevant, keyaserattanihé, cheyaserattanihé chagoyattem
                                                                         tanihé
φ. developpé, guerhorochionch, cherhorochionch, rerhorochionch
φ. deviens, ne se dit point seul, lemot hatié sexprime ex.
φ. deviens fort dakkyichchere hatié
quesecque Cela deviendra, hot nenhiohiatahzenha

deuil
φ. suis en deuil, hagaserenhich, satereschich hoterchich
         devin, hatadotha   φ. devinne la pensée dun
                                  Kenoyotachionch
φ. devine gatadotha, chatadotha hatadotha
φ. de visage dekekoncharitta dechekoncharitta derhagokonchera
deviser, je, gataaron chataaron hotaaron
φ. devoile, kkorochionch chkorochionch hakorochionch

Devoir Cest mon devoir, li hagriza
φ. dois on ma presté, onkkarotanik, hesakarotanik onsakarota nik
φ. dois aller, enguetta enchetta enretta
il est de mon devoir, hagatāderigzchienni

Deu

Dieu créé; onhayatagarien
je deuore, keyatagariakeh, cheyatagariakeh, ǫ8ri 8i hiousl
chagoyatagariakeh
Deux tegni, Deux hommes dehiatague
deux animaux
tous deux; tedziaren, degayatague
Lequel des deux, chon nen dehiatague
De deux jours L'un; hahyendahyeyahahyi
Dextre, Main dextre heyennerek8
mon ton son
Coté dextre keyennerek8i cheyennerek8i hayenne
rek8i

Di

Diable, nechchon Rhonon

Diamant, ganenkya Roron

φe prie Dieu Diarée, dehiagotiatongotta
gaterennayenha Dieu, garonhiague, onhyennagueratti
Y. Supplem.
Diffamer y. deshonorer

Differemment hoyadzik

Cela est different, tigate

Je fais de la difference, hiate degayondaa tu
hiate dehayond
il
hiate dehayondaa

Difficille, onhit

Di   Di

difficile   onhit
Cela n'est trop difficile, haguenhittanik, saehillanik honhillanik

difficile à dire, honhit ayaheron

il est digne de commander, horoguentina endiokksenhagis

je suis digne, haktöguenti satoguenti hotoguenti

digne, deyoserarouhga. Yel oseré   jesuis   trois
il est diligent, hahniahnoré, guehniahnore chehniahnor

je me diligente, gueckhnore chechnore hachnore
de faire

je me diligente
dediro   gadgennachnoré sadgennachnore hadgennachnor

je me diligente aguianadet sayanadet hoyanadet
de marcher Yel guianoré chianoré hayanoré

diminué   Cela diminue

je diminue, guechtgata chechtgata hachtgata
quelq. chose
je dis, gatonk chatonk hatonk

je dis à quelquun keyatonsek cheyatonsek chagoyatonsek

je dis, guiheron chiheron hinheron

je disois, gatonkkga chatonkkga hatonkkga

je dis   yaguen   isen hasen

je dirai, enguiheron enchiheron enhenheron

je dirois, aguiheron achiheron ahenheron

j'aurois dit, ag àonguenna ahesenna ahasenna

j'aurai dit, enguiheronk enchiheronk enhenheronk

on dit   hiondonk

di

je te dis	gonyatonsek	
Jume Dis	chkatonsek	on diroit que l'escroit lui
je luy dis	heyatonsek	naye hen
il me dit	hagatonsek	
tu lui dis	hechatonsek	
il te Dit	hyatonsek,	
il lui dit	hotonsek,	
je t'ai dis	gonyatonsehi	
tu m'as dit	chkatonsehi	
je lui ai dit	heyatonsehi	
il m'a dit	hagatonsehi	
tu lui as dit	hechatonsehi	
il t'a dit	hyatonsehi	
il lui a dit	a hotonsehi	

Je dis continue, saguennerhen; sachernirhen sahennirhen

discorde

La discorde est entre eux; hotirihôsé, Yel, dehonaderihyak

discours gariga; Discret horiganoronk

Discourir haguititaha (tu) sataa (il) hotaa, (enpublic) kahacheragonhye
enpublic

discourir haguitaron (tu) sataron (il) hotaron, je me disculpe
sagrigaggadagh
Disert éloquent, harihgayenk hagrigahechrih

Je suis indiscret, haguichgas (tu) sayichgas (il) hoyehgas

Discur harangueur, hayennotatiesonk

Cela a disparu, gyaton sahgatton

Je disparois, tonsagadiadatton donsachadiadatton, (il) donsahatton
Yel tonsagatton donsachatton

dis

on les a dispersé dehonhanareniati
φ e disperse, dekeyareniata dicheyareniata dechagoyareniata

dispos soy; agile hoyadader
φ e medispose aɤ gasseronniaha chasseronniaha hassironniaha

dispute
φ e dispute degadatchach, deehadatchach dekadatchach

dissemblable hia deskiatieriu

dissimulé harihyasetta,
φ e dissimule grihyasetta cherigasetta harihyasetta

φ e dissipe gnagorach chnagorach hanagorach

φ e dissous, gassonderaggach chassonderaggach hassonderaggau

dissolu, hotassonderaggen

φ e dissuade, dekenigonratenionch, dechenigonratenioncha
                                                dechagonigonrads

distance τcha na deguiators
il y a 20 pas de distance, deyeyahassen τcha na
                                                deguiators

Cela paroit distinctement, hetyoyendet hetioh iendet
φ e parle distinctes tehotahyente τcha haguetaa

φ e distingue hokayendes hechiendes hihayendes
  quelq chose,

φ e distrais quelquun Kenigonrasenriaha, chenigonrahyenriaha
                                                chagonigonrahyens

φ e distribue gatenras chatenras, hatenras

Cela est dit, honen gagen

Di

on en parle
Diuersement, koÿa na dekhiontonhronk
&ediuertis kenigonroriaha chenigonroriaha chagonigonro-
&emediuertis, gadatnigonroriaha chadatnigonroriaha (tu el)
                                              hadatnigonrori(a)
        Cela est
Diuertissant, honigonroriat ÿel aonÿerÿÿat

Diuin, hotogunti

Diuisé, degakachion
&ediuise dekekachionch dechkachionch dekakachion(...)
les sentiments Sont diuisés, dehotinigonrakachion

Diuulgué, Karihoanatti
&ediuulgue en affaire, krihoanatta chrihoanatta harihoana(...)

Dix gassen dixieme
de dix en dix gassen chon
Dix Sept gassen tchiatak kahre
Dix huit gassen tegueron kahre
Dix neuf gassen gaderon kahre
Dix mille gassen hisenniat serasen
Dix fois gassen nion
Dix jours gassen nisentague
Dix mois gassen nisennitague
Dix ans gassen nikaguentague

32	do	32
Je suis	docile, 8aguennigonrio chennigonrio hennigonrio	
Je suis	docte, hagnigonr8anen	
Je suis	dodu, hagassen sassen hossen	
	Le doit honsa	
	Dolent V. triste	
	Dompté, honhayataguenhiati	
Je dompte	Keyataguenhiata ëheyataguenhiata chagoyatagun	il
	Donné, Kotahsi	
Je donne	Keyahse cheyahse chagoyahse	
Je donnois	Keyahsekwa	Donne Moi
J'ai donné	Keyahsi	dassa
		Kel dagon
J'avois donné	Keyahsihna	
Je donnerai	Enkehion	
Je donnerois	akehiahse	
J'aurois donné	akehiasihna	
J'aurai donné	akehia sik	
imperatif		Presens
Je te donne	gonhion · Kel gonhiahse	
J'unse Donne	Chkon · Kel chkiahse	
Je lui donne	heyen · Kel heyahse	
Il me donne	hagen · Kel hagahse	
Je lui donne	heson · Kel hesahse	
Il te donne	hion · Kel hyahse	
Il lui donne	hokion · Kel hokiahse	

80

Dont, nänë
Ex C'est la le Couteau dont je m'sers, nänë gata a...

Doré, Kahyistoserahyi
φ́ Dore Kyistocherach chyichioserach hahyistoseray

Dormeur, hareserintia gachia
Cela Endor Kodachia yel koreserintiatta
φ́ Dors, Siaguitahyi Saintahyi kotahyi

Mon Dos Keckonné chechonné hackonné
nous sommes dos à dos dediadechyennaneguen, deagia &
                                              dechiachyen &

Double, degannanëta
φ́ Double quelq; chose, deknanetta deehnanetta dehananetta

Doubler, dehiennanetakkya

Doucement chkenonha
φ́ pas doucement, skenonhakigné hiches hires
φ́ parle doucement, gadyennachiyata chadyennachiyata hadyen
Bas,   yata

Douleur
φ́ ai douleur hagronhiaguens saronhiaguens horonhiag

φ́ e doute de gadennoyenta chadennoyenta hadennoyenta
quelq; chose

Cela est en doute, hason horihzio tiguen
Sans doute, onenché horogunhi

Doux qui n'est pas salé, hiase horchiketaa

φ́ ai l'esprit doux haknigonrio sanigonrio,

Douze; tegni Kahré
Douze fois, oastuge tegnichon Kahrati

Dr

Dragon Kahachirondietta

Drap rouge houchterick drap Bleu tigseresiatek

Drapeau, onseniendenchra kagasenda

Dresse, Kagyatonggen, dresse skyatonggsa

Je dresse quelque chose, kkyatonggach chkyntonggach hakksatengach

Je me dresse gadiatagsarichchioneh chadiateggarichchionch toto
                                                    il se hadiataggats

Droit tout droit, deyotoguenn

Je suis droit, haguiataggarichchion sayata & hoyatat,

habille adroit, queyennio cheyennio hayennio

Du

Duquel chon

Durant, quo sucola, hotiesahi gyato chideron pendant

Dur, hohniri

Je sais durcir, knirta chnirta hanirta

Cela durcit, okohniké

être dur au mal, haguiatagaste sayatagaste hoyatagasti

Cela dure longtemps, Kagasté

Durillon Kosahesata

Duvet hohnagsa

Supplement
à la lettre d

Cela est deffendu à h8atti kahgenre

Suppleement a la
lettre. d. d

E E

Eau, hohnega — Eau Benite, hohnegatogu̇
Eau froide, hohnegano
Eau chaude, hohnegatariheṅ — Les eaux sont Basses, ŏsté
Eau claire, hiase hononhio
Eau trouble, hohněn
Eau forte, hohnegadet
Eau de vie, 8tchkarat, ye(?) hohnegadj̇saguen

Je suis tout en eau, dehyaktonkyahns desadonkyahas / dchodonkyahas
Je sois en eau, deyaktonkyaak8a
J'ai été en eau, deyaktonkyaiahi

EB

Ebauché, goṡahgen
J'ébauche, gaṡahyach chaṡṡayach haṡṡahyach
Je suis ébloui, deyagataskonchkeri, deṡakonchkeri dekat konchkeri
Cela éblouit, yakkahrieh
Je Borgne, yoyi, Borgne
La terre Eboule, onṡon yenyiaskendachia
ébranché, karingaroskaron
Je Branché keringariakch cheringariakch haringariakch
ébranlé, ka on dakti
Je branle gondatha chondatha hondatha
ebreché, diotiokta
J'ébreche, dekioktonch dechioktonch dekioktonch

Ec.   Ec.

	Ecaille Karichta	Ecaillé Kenstenti
J'écaille	Krichtentha chrichtenta karichtentha	
	écarlatte, Dgistagui gona	
à l'écart	heren haggati	
mettre à l'écart,	heren heguientha hechienha hehayenha	
	écarté egaré godiadaton	
Je M'ecarte	dichemin, ongahahatton hesakahatton, ohohahatton	
J'ecarte quelqu'un,	Keyadattonha cheyadattonha ehagoyadattonha Echatotte	
échancré	Kaggedaron	V. ognion
échapé,	Skoniaguenhi	
Je m'échappe,	Saguéniaguenha, Saseniaguenha, Sahoniagu... il h..
Je fais échaper,	Skeniaguentha seheniaguenha sehagonia...	
echaudé	Koskondaki	
J'echaude quelqu'un,	keskontsach, chechkontsach, hachkon tsach	
Je M'échaude,	gadadeskontsach, chadadeskon hadadeskon il
J'échause quelq. chose	gararihata, chatarihata hatarihata	
Je M'échause,	gadiatarihata chadiatarihata hadiatariha	
je suis échausé	dehsaktonksahas desadonksahas dehodonks...	
échelle	heratinchta	

ech

echine oronksena

echo, ehichkennahechti

échoué en Canot, Kohonksarahi
$échoué   Konhksaranha chonksaranha ohonksaranha

éclair, deyonnirhkahonk
éclairci poli, tehiostatek
$éclaircis deguechtatetha dehectsratcha dehachkatetha
$éclaircis ce qui etoit troublé, Ikenonhayentkatta, Ichenon
                                                    it shanonks
Cela s'est éclairci, dgiononhayendahi

$éclaire   deguerhatetha decherhatetha dehushatetha
            éclat éclatant teyostakatek
            éclat de tonnerre, gakienonsatie sonk
$éclate de rire, aggennachken haguiondicha
            Eclipse, ongkaterakksatonta
            eclipsé   hoterakksatton
            éconduit refusé ohonhaterayadakksen
$éconduis, keyaderayadakkkas chieyaterayadakksas chagoya
            éclos, deyonnichonchiagui
$je fais éclore deguennichonchiak, dechennint, dehennink
            écluse deyoseraronhka, tel hosseró
$je brise une écluse, dekronhkagkach hosseró

Ec

	Ecorce, gachonta,	La grosse la premiere écorce, Ohyadgichta
L'ecorce de bouleau Kanadgieckkyw	pleuu des ecorces, Knehronch, chneronch, hanen	il
	ecorché, Kahienseron	
s'ecorche	guienseronch chienseronch hayenseronch	
	ecorné, hôtenagariagui,	Cornes tombées diotennagaren
s'ecorne	knagariach chnagariach hanagariach	
	écoulé, osté, yel hotnegongodi	
s'écoule	gastesha chachtesha hachtesha	
s'ecoute	gasonde chasonde hasonde	
	écrasé, degaritti	
s'écrase	dekritti, dehritti, deharitta	
s'écris	kiatonnion chiatonnion hayatonnion	
	écrit, Kahiatonk	
	ecueil ✝ heskotta	
	écume, ahyensta	
jose l'ecume,	Kyenstogyach chyenstogyach hahyensto	
jesalis l'ecume par la bouche,	akkyenstota Sahyenstota hahyenstota	

Ed   Ed

Edenté, gotennodgiogaron
j'édente, kenotgiogaronch, chenotgiogaronch, hanotgio

ef

effacé gȣteraguéhȣen
j'efface, kraguéhȣach, chraguéhȣach, haraguéhȣach

effarouché; onhateronkȣani
j'effarouche, gateronkȣanik, chateronkȣanik, hateronkȣa

effleuré, degaguendiagui   j'effleure
                             dekkendiakonk

effondré
j'effondre, guionratakkȣach, chienratakkȣach, hoyonrat
j'ai pris un effort, haguiatanihé, sayatanihé, hoyatanihé
j'ai fait mes efforts, deguechkenheya, dechechkenheya, dehach
l'aglace a fait son effort, onen deyotȣichiahȣé

effrayé, haterons   {effrayant deyodenonkia
                                nitti
j'effraye, kyatteronta, cheyatteronta, chagoyatteronta
quelqu'un

effronté höterochkon   {effroyable
                        kahetken gona

Eg'

nous sommes egaux d'age; sadediongȣiadoti

nous sommes egaux de hauteur; sadedinenhies

Eg

Nous sommes egaux en{j'i}sens, Sadedianëré

Nous sommes egaux en sorts, Sadedikgickeberé

Vous estes egaux, Sadesnn

ils sont égaux, Sadehennas

égaré, godiadatton

je m'égare, gadiadatton chadiadatton hodiadatton

j'egare qualq. chose, hagattonnik Sattonnik hotonnik

église, ganonchia toguenti

égorgé, onhaniariagui

j'egorge, guenniariach chenniariach hanniariach

égout, tcha heganeguit Kentakkga

Cela s'egoute, Skaneguit Kenta

j'egratigne dekekgetnronch, duhekgetaronch
                                    duchagokgetaronch

egrenné, Kaoguenhion

j'egrenne Koguenhiach choguenhiach hoguenhia

éguille dekgaeron hgarongotta

éguillon, gonhagatakkga

j'eguillonné, Keyagatta, cheyagatta chagoyagatta

j'éguise Kiotionk chiotionk hahiotionk

s'egu isé, Kahiotion

El El El

Elan ou Original, tchisgaragak

Elancé

s'mélance, deguennatkȣakȣa dechennaskȣakȣa Dehennaskȣakȣa

élargi, tagöhanülli

s'élargis dektaggenha dechtaggenha dehataggenha

s'éleué en l'air, Keguetchkȣach; cheguetchkȣach, haguet &c

s'éleué; Nourris, Kehiodiakeh cheyodiakeh chagahodiakeh

élire Yoy; choisir

elle, à onha   Elles, önonha

eloigné, hinon, hegayent toquent horasek tchahöten

s'eloigne, hinon heguienha hinon hechienha, hehayent

s'm'éloigne, hinon gaguetta hinon gachetta, hinon gahetta

EM

Emballés gastotcheronni

s'emballe guistotcheronniaha chistotcheronniaha hastotcheronnia

embarqué ondahatsi

s'embarqi quelq chose, Kedaak chedaak hedaak

s'm'embarque gagadidaak gachadidaak gahadidaak

s'embarqi quelqúun, je donne passage, Keyadidaak cheyadidaak chagöyadidaak

embaras dans une riviere gaskȣharo

Em   Em

je suis Embarassé, haguenhittanik sanhittanik, onhitt il
j'embarasse quelqu'un, kenhittanik chenhittanik, chagon
j'M'embarasse, gadadenhittanik chatatenh hatatenhittan
je vas en Ambassade, yagnadionré, snadionré hanadionré

Embelir Voyez a la page suivante   36
_____
Ornementer le reste des mots marqués dans Celle   Emerillon
cy devroient être dans l'autre page   varitari

Emondé   Karenhyskaron
j'Emonde, Krinhyskaronch chrinhys &c   harinhyskar

Emoussé   deyotiokta
j'émousse, dekiokta dechiokta   dehayokta
Emouvoir, Koriaheronk choriaheronk   akoriaheronk

Empan   Ogioronkarata
j'M'empare, gadadzenniochta chadadzenni   hadadzuennio
j'empesche, keyarichta cheyarichta   chagoyarichta
j'empesche qu'il ne sorte, keyarichta hiase hayaguens

Emplatre   Ondadiensaronkra
je mets une emplâtre, keyensaronk cheyensaronk chagoyen

Emplis   degahron
j'emplis, dekronch, dechronch   deharonch
Employer, Employé,   Cest Bien Employé
                                           hodaya nerenka
j'employe quechta chechta hachta
quelqe chose je m'en sers de

Em

Embeli,, kyihiochri

ф'embelis kyihiochta, chsihiochta hahyihiochta

Embouchure, hocharonda
d'une rivierre

Embourbé hodararahi

ф'embourbe, guidararanha saindararanha hodararanha

ф'embrasse quelqu'un, keyatchogyaronnionk cheyatchogya chagoyatchogsa

Embrasé hotgiehendaki

ф'embrase, guetgienhohanatta chetgienhoanatta, hatgien &

Embuscade, deganenrayen

ф'decouvre l'embuscade kegakkennionk deganenrahien

ф'etombe dans l'embuscade, yaguiatenha tiha deganenrahien

ф'M'embusque, degnenhrayenha dechnen, dehanenrayen

Embroché dehagohsechti

ф'embroche degahahsechta dechahahsechta, dehahahsech ta

Emerillon tari tari

emeu, dehoyadissonk

emié, degaritti

ф'émie, dekritta dechritta deharitta

ф'emmaillote kerahoncheronniaha cherahons chagerahoso

ф'emmanche kobarha choharha roharho
une hache

ф'emmene quelqu'un, keyatenhahsa cheyatenha ysa chagoyaten hahsa

Emondé voyez a la precedente page
jusques au mot Employé

Em

f' Empogne, guiena chiena hayena
  empoisonné, honhachinraRontsi
f' Empoisonne kenachinraRontgach, chenachinraRon
  chagonachinra
je m'empoisonne gadatnachinraRontsach &c.
f' empoisonnois, kenachinraRontsach ken
j'ai empoisonné kenachinraRontsi
f'aucis empoisonné kenachinraRontsihna
f' empoisonnerai Enkenachinraontsath
f' empoisonnerois akenachinraRontgach
f'aurois empoisonné, akenachinraRontsihna
f'aurai Empoisonné akenachinraRontsik

f' emporte, sakkahga sehahga shahahga
f'ai unne Empoule haguennicgui, si c'est a la main
f'ai unne Empoule aupied haaachitegui
f'M' empresse, degadatnonhgariatanik
f' emprisonne kenhoronk chenhoronk chagonhotonk
f' emprunté aguenihen senihen honihen
f' empuantis, guesennaketkenta chesennaketkenta, hasi
                    En   En
En, ne s'exprime point lorsqu'il sert a marquer les pa
detemps, En joint au particip. françois comme
En lisant, ledit, lorsqu' je lisois

En

En mis a la place d'un relatif s'exprime par
Ra Ex., Vous en êtes le Maître is Ra, chsennió

En dedans hagosuhgā.

Enchaîné degahsichtotahsi
  ǂ enchaisne dekehsichtotahach, dechehsichs, dechagehsichs, il

Enclos, degallenraton
  ǂ enclos degatenratonk dechatenratonk dehatenratonk

Enclume hehsichta hechta

Enense Encore; hörach

Encourager Voyez Courage.

Encre a écrire, heyatonkk̄ga hossenda

Encre de Rayire Voy; Ancre

  ǂ e suis Endepté, onkkarotonni, hesakarotonni, onhakarotonni il est
                                        tres

Endormi hotahsi

  ǂ e m'endors, haguitakch saintakch hotakch
                              ǁel hagreserinsahach

Endouille degayonrarītt

Endroit lieu,

Endroit d'une chose, ǂcha gansiksgerondakksi hagā

Endurci, höhniradi

  ǂ endureis haknīradi sanīradi. hōnīradi

Endurci à la fatigue, hiaté hatchenta,

En   En

φ Endure   hagakkasté   sakkasté   hokkasté
  eneruë   hadehotaderadietts
φ Enfferme,   hadegadaderadietta, hadechataderu(fe) hadehata(il)
  Enfant male naissant   hötonia
  Enfant femelle . . . .   kotonia
  Enfant de deux jusques à 12 ans   akehiakn (male)
  de narrowir hakchiatassé   hekchahn (femelle)
φ Enfante   gadcktonk   chadcktonk   hadektonk

  Enfer   Önëchon

  Enfermé   ondadenhoton
φ Enferme   Kenhotonk   chenhotonk   hanhotonk
  quelq; chos.
              Enfilé
φ Enfile   Kniharonk   chniharonk   hanikaronk
  Enfin,   Onengra
  Enflamé   deyodenkkonda
φ Enflame   desaktonkonda desadontkonda dehodentkond

  Enfle   hödöhga
φ Enfle   hagadiadohga   sadiadohga   hadiadohgaa
φ e fais enfler, gateringgatta   chateringgatta   hateringgatta

φ Enfonce en   hagachitenhi   sachitenhi   hochitenhi
  marchant

EN   EN

s'enfonce dans la glace, ongadchridgiak

s'enfonce dans l'eau, 8daragonhsa 8agñiasenha

Enfant, 8chasagonhsa 8ata

s'enfouïr ouchasagonhsa gasetta, chasetta hasetta

Enfui, g8veg8en

s'Ensuis gaseggach chaseggach haleggach

s'en Suit par dessus en bouillant, Dehgatahsenrat

Enfumé deyoyengsayen

s'ensume gatienrota chatienrota hatienrota

engagé onhanhaki

s'engage Kenhanha, chenhanha chagonhanha

s'engage s'excite, Kenigonrondahach chenigonrons chagonigonr
       Vel Kenigonrondaggach

s'engendre Kenerichiakch chenerichiakch chagonerich

Englouti hgientgiagonhsa, ehoyatenchi

Engoüé ahonhechtr   s'esuis eng8j hanguehti

s'esuis Engourdi hagatchichteri satchichten hotchichten

Engraissé; 8sen,

moi s'engraisse gasinchta chasinchta hasinchta

Engrossée onhanerichiaki

s'engrosse Kenerichiakch v Engendres

En.   En.   dia Enjambée
j'enu Enjambée, Dgiehahatö, gassen nichahagu
ph'enjambe degarahahechta deehahahechta dehahu
Enjoué Kononkk8ayoden
Enjuré Kononh8ahalon
ph'enjure, Kenonh8ahattonta, chenonh8ahattontö, chago
                                                         nonh8ahattonta
ph'm'enjure, gadatnon honahattonra chadat8 hadatnon8a
Enleué goyatakk8en
ph'enleue quelq'un, Keyatakk8a, cheyatakk8a chagoyatakk8a
                                                lorsqu'il n'y a que de la haine
mon Ennemi, haguideriech ondi8, dediatadech8ah
nos ennemis, hag8aderioch   deyag8aradech8ah
ph'm'ennuie kk8adakas, chk8adakas hakk8adakas
Enragé; de peine ti honigonkenh8ero
ph'sais enrager; kenigonkenheyata chenigonkenheyata chago
ph'suis Enrhumé gassakha chassakha hassakha
je suis Enroué degad8enniakeh dechad8enniakeh, dehad
Ensanglanté ko'kk8ensokahak8i
ph'ensanglante kerk8ensokach cherk8ensokach hark8en
ph' Enseigne Keyenstanik cheyenstanik chagoyenstanik
Enseigne drapeau onseniendenehta
pêle mele Ensemble dehiondiechti

EN. EN.

Ensemencé, kanaguen

J'ensemerice, knakha chnakha hanakha

Enseveli, aksenheyondori

J'enseuilis keyenheyendoronch, cheyenheyen, chagoyen &c

Ensorcelé honhahennaahyi

J'ensorcelle keyahennahach

Entaillé, karhö

J'entaille kêroch chêroch haroch

Entassé loguent kaguehron

J'entasse kkehronka chkeronha hakeronka
Yel grotch, Yel grorkach . - - -

J'entend hagatondé chatondé hötondé
Yel garonka charonka haronka

Je suis Entesté, hagadsennori chadsennori hadsennori

homme Entier körisas

J'entonne knegondahach, chnegondahach hanegondahach
dans un Baril,

J'entonne hrihyagadatch, chrihyagadatch harihyagadatch
un verre

Entortillé deyossatassé

J'entortille, kksadasech, chksadasech, haksadasech

a L'entour, aktarichn

Entouré, desonhsa sgatassé

EN

J'entoure dekyalassech, dechkyalassech, derhakyata

nous nous entr'aidons deyaggaratiënakyasek

nous nous entr'aimons, deyaggasadenonyes Voyez au

Vous nous entr'aimés desgaradenonyes Supplement

Ils s'entr'aiment dehotitadenonyes la remarque
                                                sur ces mots

j'entraine quelq: keyadisseré cheyadisseré chagoyadisser

j'ai entrainé keyadisseretti

Entredeux dehioguen

Entre nous dedgayatoguen Entrevous desgayatoguen, Entreux dehatihitoguen

Entré éhéyondakkya

J'entre heguionk hechionk hehahionk

nous nous entrepoussons dehagyadasreeh

je suis entreprenant, hiachtennyahausen te hagnenon

Entrevoir, on tourne voir un peu

Entrouvert, ontohaguiakondé

J'entreuvis degaskarongotta dechatkarorigotta, dechatkau,

Enveloppé, kahyenonni

J'enveloppe kyenonniaha chyenonniaha jahyenon
           yel kerhoroch, cherhoroch, harhoroch

J'enveloppe
lennemi   yarkehya hegya, yarchehya hegya, yarchegokyahegy

Enucnimé, hytkenserata

En En

Envers dunne éhate, herin haggati
j'ai Ennuié, gáraganhek charaganhek haraganhek
je porte Ennui, kenossaha chenossaha chagonossaha
j'ai Ennuie de manger des, gnonhach chnonhach hanonhach

Environ Cetemps la; tokéha
j'Environne degatatyassech.
Ennuiager unnechose, deguiatoretta dechiato, dehayato
Ennuié, dedgioden
il s'est ennuié, desoden
je m'ennuie donsakieu, donsachten donsahaten
j'ennuye quelquun, kenhasaten chenhasaten chagonhasaten

Ep

Epais gahens, Cela epaissit, gagaense
La fleur s'epanouit gegidgiaha hagui
j'Espargne gadenonhianitta chadenonhia hadenonhia
j'espargne de, dekeyatenonhianich, decheyata, dechayohiata
je y ai nen
Epars dispersé dehiorennion
Epaule, Oniahonskaa
Epée gachegya
Epruier, garhagonha göna
yn Epi ononkseya

EP

f'Epie dasseigué dekekahra, dechekahra
                                    dechagokahra
   Epine otikta, vel oyonhsaa
f epie, Kegahenhionk, chegahenhionk chagogahens
   Epinette voyez Arbre
   Epingle onseronhsarotakksa
f em'epluche, gatratinta, chatratinta hatratinta
   Epines, hotionhsariagw
f epoinse Kionhsariakeh chionhsariakeh hayons
   Eponge henegoggatta
f espnge Knegoggach chnegoggach hanegoggach
                                    mon epouse
   Epoux et Epouse, Rhona vel Kenakksi
f epause haguenniakeh, Janniakeh, honniakeh
   Epouuantable, Sattaggat
f epouuante Keyateronggaanik chegateronggas
                                    chagoyates
f et ais la nouuelle
plus Epouuantable quelle n'est, grihsattaggatta
   f'Eprouue gatenientenha chatenientenha hate
                                    nientenha
f esuis épuisé hadehsagueradietti.
      depicho
f m'epuise, degatateradietta dechasahera, dehasa

EQ EQ

f m'equipe gasseronniaha chasseronniaha
                                    hasseronniaha
   equivoque dehagonigonrague
              vel dehorihsague

ER

Erable höhgatta

Errené deyagoteronkseniagui

ES

ɸ'esCalade degatahsenratich, dechatas, dehatas

escalier heratinchta

ɸ escarmouche Kechonrahsatonch, chechonra, chagochonrat

mon esclave, haguetchinen, satchinen, hotchinen

ɸe tais un esclave Kecharonta, checharonta, chagocharonta

ɸ escorte Kegaktatié, chigaktatié, chagogaklatié

Espagnol Segsanen Rhonon

ɸ espere gurhé, cherhé, rerhé

ɸ ai esperé raguer, seri, höri

Espion chagogahenhionk

ɸ ai de l'esprit haknigonta, sanigonta, honigonra | je resais l'esprit / d'un homme triste

Esprit Onigonra | Kenigonracheronniahi

ɸ ai Beaucoup d'esprit haknigonrohganen

Yel hagnigonrakchen

Mon esprit mon ango, haguiaronchera, sayaronchera, hoyaronchera

ɸ'essaye gasenientenha, chatenientenha, hatenientenha

ɸ esuis essouflé, agadonricherokta

ɸ ime soufle gadonricheroktanik, chadonricheroktas, hadonricherots

e ssuié steraguéhsen

ɸ essuie graguéhsach, chraguéhsach, haraguéhsach

ES

esceqi Naken

testé, Kenhek   lorsqu'on este
                            Kenhatatié

φestime Kerakksa cherakksa chagorakksa

     Yel Kenoronksa chinoronksa chagonoronksa

φsuis estimé Kerakksi cherakksi harakksi

    Estre,

φysuis guideron chideron henderon

mon estomac, haguindossiragui saindosseragué
                                           hodosseragué

    Estropié köyatahiésahi

φestropié Keyatahiésatta cheyatahiésatta, chagoya
                                             hiesatta

    Et yngsa   Et   Et

φeMetablis guennagueratch. chennaguerasch, hennag
                                          ueraseh

φetanche Ketsechtahach, chsech chechtahach hasechtahach
un Canot

   Etanche hiaté hokach

   Eteins hossen

φeteins gassatta chassatta hassatta

φetend gusseratonk chesseratonk hasseratonk

   Etendu kasseraton

φeternue dsagueschonck desaschoneh deholchonck

   Etincelle kachichtondies

étique ostientoyonha, Yel hagatihsen
                                        jesuis etiqi

étoile hotchichtenokksa

Et

Le Ciel est étoilé   hotchichte ñakk8aronnion

Cela est étonnant,   korih8an
Personne quelqu'un, dekehsennotka dechehsennotka, dechagohsennotka

§ Personne
  de *   8aguennigonrokta sasennigonrokta Tahonigon

            étoué,   onhaeht8egui

§ étouffe   Kechk8ech chech8ech chagoch8ech

            étourdi inconsidéré, hiari honigonra.

§ étourdi   Keyahonchteha cheyahonchteha chagoyahon
  du bruit

 un Étranger   chose étroite
 hoyanra   Etroit tkih8atserati'cha   dehionihag8ah
 heyadotien   Étudier n'est point d'usage voyez j'apprends

Ev Eu

            Evader voyez s'enfuir
§ m'évanouis haknigonration sanigonration honigonrat
§ Éveillé   Keyetta cheyetta chagoyetta
§ m'éveille   8aguiek 8achiek 8ahahiek
            Éventail ontah8akta
§ m'évente   garah8akeh charah8akeh hatah8akeh
§ éventre   Kethsichtorenha chethsichtorenha hath8ich
            Évesque han8an h8agui
            Eux hononrha
            Eus onhoncha

EX   EX

φ exagere grihgahalla, chrihgahalla, harihgahalla
  yel grihgahiehta

φ examine, deguiatoretta dechiatoretta dehayatoretta

exciter φx, Kenigonredagach, chenigonredagach, chagonir,

  excrement hóta

φ ex excuse, gadiadoharek chadiadoharek hadiadoharek
  se melarie d'une accusation   honhaton sekkga
                                          de bedona en l'accusale

  exemple
          il n'y a point d'exemple de Cela, hin deskahierondaa
  yel hia hgenton te hagoguen, yel hia tót e hahrenh

φ expie, hagonricherattonk, sonricherattonk, ahonricheratton

j ex plique, Kerihgatoguenstanik cherihgatoguenstanik
  je dois l'un discour   chagorihgato k

exposeruntait, Kerihgahiennik cherihgahiennik chagorihgahien

φ expose quelqu'un Kenhcyongué hekeyatondietta heyaton k
  a la mort   chagohiatondietta

       exprez, ale sein tchi agahsetti
                                           pa   il
φ elai fait exprès tchi gaguetti, tchi setti ti has

φ en exprime grihgahienk chrihgahienk harihgahienk
  Bien
       extenué, hadchoradietti
φ en extenue, gadaderadietta chadaderadietta hadaderar

   C'e la est Extraordinaire hoya nhi tkiahgentakki
       extravagant Tehonihienha

φ e suis a l'extremité, honen hagadatchensé chadatchensé
                                                    hodatchensé
       homme extraordinaire hoya ti hongge doten

Supplement
S'es qu'ils s'eloigner de quelqu'un
Keyadattontanik cheyadattonranik chaq.

pembroche Koharha
je me desembroches, gatatiadohahaggack
je m'embroche gatatiadohai

Suppleement a
La Lettre ; E

Etonné surpris demonté,
　je suis　　tu es　　il est
Dehyagasken desasken dehosken

il est Venu des etrangers chez nous
onkionhsenz dziorenhi

nos ENNemis sont venus chez nous sans armes
en temps deguerre, onkinadions

fa

fable kagara

φe conte unne fable kkaratonk chkaratonk hakaratonk

nous sommes face à face dehaguikoncha Reguen

je suis fâché hagnakwenhi sanakwenhi honakwenhi

φe me fache hagnakwens sanakwens honakwens

je suis fâcheux, hagonhweskwat chonhweskwat ahonhwen

Cela est facille hiaté honhit adiro ahayeron

la façon des sauuages, ongwehonhwé ni keyennotien

fade dchiokkaanich

φai faim akchis Sachis hochis yel gatonkariakeh

φai faim de haguechwatens Sachwatens hochwatens
viande fraiche

φe suis faineant hagnoronsek sanoronsek honoronsek

faire + voyez Lesuppliments

φe fais gonniaha channiaha ronniaha yel guecheronniahe
fais cela: sonniaa   fais commé cela
                               tonda dziera

Cela est bien fait hayenk tingui gouchiahi

Cela Nefait rien tochegwa, yel hahweri hatu

φe suis bien fait haguiatwaganonni Sayataganonni, hoyatax

fantaisie
il ne fait que Sa fantaisie hakonha honigonrato hahierato

+ faisan hononniagarehi

prendre sur le fait, kikakkennionch chegakkennionch
                                   chagogakkennionch
il faut ormets Seulement, ha_
deuant leverbe suivans Ex il faut le tuer
                    ha, honhario &

Fa Fa Fa

il s'en faut bien, hissgadgik diodokta

peu s'en est falu, ŏnero guenhra

fanal, hehacheronda atha

Santasque, hodgennori

faon, tchichlaienha tchygaragak

farinne   gtechera

farouche   hinte honigoura hiendas

Je suis fatigué gagadatchensé gel hagronhiaguens

Je me fatigue, gadatronhiaguenta chadateron, hadater

Je fauche gueehtonderiakeh, cheehtonderiakeh hachton
                deriakeh

faucille   heehtonderiata

faucon   garhagonha gŏna

Le temps nous favorise   onggendiochta

faux   hechtonderiatha

faire faute, grehganeragsach, chrihganerhagsach
               harihganeragy

Sans faute hadegagenda

C'est sa faute ahonrhga korihga

Fe

Je feins, kehoretakksi schoretakkga shachoretakks

Selle tehioloriou

femelle hehron

femme hehron goniagui

Se. 81

Sendre
φesend   degorinha deckorinha dehorinha
          Sendu schiötoren
          Senestre könoncha karinta
          Sente tcha schiötorin
          Ser, outëguenschera
          Serme öhnuri
φesiens serme
  seresiste gadiatänilla chadiatänitta hadiatänitta
          Sermé ganhotonk
φeserme guenhotonk chenhotonk henhotonk
          Seroee hiaté koyendetchkon
          Serré dehohsichtanentagui
   mes sesses gnischagué chnischagué hanitchagué
φesesse kechoksahessonk chechoksahessonk chagoksahessonk
          Sestu ahsendatoguinri
C'est le jour demain Seste i haguendahsen
          Sestu, hahsennokkerata,
          Seu ouschichta ilyadusen Oureka
          Bas u Seu stchichta hechta
φeBasduSeu gatchichtahechta chatchichtla hatchitla
φesaio duSeu gategata chategata hategata
φeMets leSeu kedgiaronk chedgiaronk hedgiaronk
  quelj part
φeMets le Seu gnonchendach chnonchendach hanonx
aunne Maison

Fe   Fe

J'eteins le feu   gassgata   chassgata   hassgata
Le feu est eteint   hossgen
Seve   tiösakěta
Feuille   honeratta
les feuilles tombantes ganerattenta
Les feuilles naisantes ganerattonta
feuilles   honerattonda
Les feuilles sont a leur grandeur   honerattichiah
mois de   fevrier

Fi   Fi

Ficelle, gachira
Fiel   ðgigahgachera
Fiente   höda
Je suis fier   gnayé   chnayé   hanayé
Je me   fie a, keyennigonranendagui, rheyens, chagoyen
J'ai la fievre   haktonksahach   chadonksahach
                                              hedonksahach
figé, ossera, hen
figuier,
fil   gachira

J'ai perdu le fil,
      du discour   songaderihgattons, donsaderihga & Sahaderihga
                                                              &c.
Je reprend le fil
      du discour   Sagadarihgahiender, Sachatarihga, Saharatrihga

Se Se

j'éteins le feu gassgata chassgata hassgata
Le feu est éteint hossgen
Seve hösahèsa
Feuille honeratta
les feuilles tombantes ganerattentsa
les feuilles naissantes ganerattonta
feuilles honerattonda
les feuilles sont a leur grandeur hötenerattichia
lemois de feuriet

Si Si

ficelle, gachira
ciel djigahgachera
fiente höda
je suis fier gnayé chnayé hanayé
je me fie a, Keyennigonranendagui, chëyens chagoyen
j'ai la fievre haktonkgahach chadonkgahach hadonkgahach
figé, össera, hen
figuier
fil gachira
j'ai perdu le fil,
  du discour songaderihgattons, donsaderihgath sahoderih
a reprendre le fil
  du discour sagadarihga hiendes, sachatarihga, sahararih

Fi

⟨e Sile	kehironniaha	schironniaha	hachironniaha
	filet, ahara	tel ontaharokksa	
	filet à tourtres		
~~nitrocentit~~	filet à la passée	Ontaharadakksa	
	filet à tourtres suspendu	Ontaharodakksa	
⟨erendus	filet	gataharokksa	
ynne file	kehron ason te ganakkayenteri		
delie	sin philyassa		
esprit	sin honigonrades		
⟨oilala	sin heto hodokta		
ala sin	En sin; önenhon		
Celuest	sini hadegagoreda		
⟨e Cessje	sinis guennirhenha chennirhenha hanni
⟨ai fini un ouvrage	gakchiahi	Sachiahi	hochiahi
⟨e finis,	gagokten	gachokten	gahokten

Fl. Fl

flamand Skanettati Rhonon	flacon kenchera deyotoguenrhon		
⟨e flair	hague Isach	Sachgach	hosjach
	flambeau	honschichtodakksa	
⟨e flambe,	haktonkota	Saktonkota	haktonkota
	flame	hodonkota	
⟨e pescheau	flambeau, gatacheraratié	chatacheraratié	hatocheraratié

Fl Fl

Le	flane	hochga	
mon	flan	gueehgagué	chechgagué hochgagué
peflate	kenonrienha	chenonrienha	thagononrienha
	fleche	kaheehkaa	
petite une	fleche	guiaggach	chiaggach hayaggach
pefleehio gui guian	kenigonraroïnehta	chenigonrat	thagonigonrt
	fletri	gtaguenheyon	
	fleur	ahgenha	
	les fleurs sont aux arbres		
Celaes en fleur	Onahgenhonda		
	fleuue	skenhionhganen	
	flot,	hötöta	
	Cela floto	ahögraha	
Bois Zenu par le flot	höyennokk8a		Yos diöyendaren gsen
En sant	fluel	getchigahgenhion	
	flute,	hechonrotakk8a	
Jejoüe de la flute ;	kchonröta ; schonrota		shahonrota
	flux,	diegotiatongotta	
pai le	flux dehgagadiatongotta		desadiatongotta dehadiatongotta

fo fo

℈e uis	foible, haguedgioha	fadgioha	hozgioha
	foiss hochtondera		
Vne fois skata			
Vne autrefois	agea hoya		
quelquesfois	skatachonha	yel	drinhaguens
tous a la fois	aggegui gsoto		
Vne Bonne fois	skara hadechhagonda		
jesuis fol,	dehgaknihienha	desanihienha	dehonihien
℈ prend fol quelquun	Dekenihienhsata	dehenihienhiata	dechagonix
feu folet	garchichtondies		
le fond	hagonhga	au fond id	hagonhga
Cela est Calé a fond	hagonhga nhontonhhi		
le fondement	hetehigarintha		
fondre	gnanahsen		
℈e fond	gnanahgenta	chnanahgenta	hanana es
a la fonte des glaces,	tcha nen gahgichioggu		
℈e Me force	gakhgicheronk	chakhgicheronk	hakhgiche
℈ e donn des forces	kehgicheronniaha	chehgichu	chagohsich u
℈e suis fort	kgichchere	chgichchere	hahgicheri
De toute ma force	tcha ni kgicheré		
fais fort	fakkgicheron		
fort adverbe	hissgadgik		
℈e prend de force,	kekgach	chekgach	hakgach chago

fo

un fort Outinra.

Les Forest, garhasé ycl, garhayero

forgé, Kahsichtonni

ɸe forge, ksichtonniaha chsichtonniaha hahsichton=

forgeron, hahsichtonniaha

ɸe forme grihonniaha chrihonniaha karihonniaha
un dessein

fosse sehala Sossé degatariagui

un fouet, ondaschokka hechonehita

ɸe donne le fouet y ɸe fesse

fougere

ɸe fouelle ou ɸe fouis, gnaggasch chnaggatch hanaggatch

la foule, Kendioksanen

ɸe foule quelq.e chose Kadgiohroch, chadgiohroch
                                                    hadgiohroch

ɸai une foulure, hakhakksa hadgi sahakksahadgi
                                               kohakksahadgi

un four Ontrakkondakksa

un four be hadehorihsahienton

ɸe sourbis deguechtatetha dechechtatetha dehachtatetha

une fourche dehion haktoguen

fourmi dgirchanchtogsen

fourneau henenkiendata

ɸe fournis Kehiahse chehiahse chagohiahsé
quelq.e chose a

fo

φe fourre   hegayata   héchayata   hehayata
quelq. chose dans un lieu

Le foye, hotsenehiä

Le foyer, onnegatakksa

fr

frais   hohnanö

Eau fraiche   hohneganö

φe prend le fraid, gatinhanochta   chatinihanochta   hatinun

ȝnyent frais, ahoranö

Des fraises   ohondadekakksa

fraise de l'eau   höyonra

des framboises   honadgiokksa

framboisier   honadgiokksa - ohonda

francois   hotiagui ga

φe frape   keyenta   cheyenta   chagoyenta
       quelq'un
Je frape quelq. chose   guienta   chienta   hayenta

φl faut remarquer, que lorsque la personne qui aime, hait, ou frape &c. frappe hait ou aime unne autre personne tous les verbes a…… commencent par, Ke, et ont chago a la troisieme personne. Ex.

Kenonʃes.   chagononʃes

Keyenta   chagoyenta

Mais si le Verbe marapport qu'a unne
chose inanimée comme j'aime le pain
je frape un arbre on met un g au lieu
de k à la premierre personne et la
troisieme et, h, ai. au lieu de ch a go
Ex; gnonges   hanonges
guienta   hayenta
Cette regle est la meme pour tous les verbes

Je frappois   keyentakkya
J'ai frapé   keyenti
J'avois frapé   keyentihna
Je frapperai   Enkeyenta
                                  Subjonctif
Je frapperois   hakeyenta
J'aurois frappé gakeyentihna
J'aurai frappé   hakeyentik

Je me frape   gatadienta chatadienta hatadienta
J'ai expliqué au commencement que à
tous les verbes aux quels on peut mettre, je me,
comme; je frape, on peut dire je me frappe,
il faut ajouter au devant du mot proquois
gadad, Ex; keyenta je frappe gatadienta je me
frape; Et

fr   fr   85

þe fremis	saguiadondaktā	sachiadondakta	sahayadondak
frene ʒoyez	arbre.		
mon frere	guiatateguen	chiatateguen	hiatateguen
ycl	dehiaguiadenondera	dedgiadenondera	dehiadenondera
mon frere Cadet	heguenha		
mon frere aisné	haktchiha		
fressure	hotʒencha		
friand	gʒniatorich		
þe fricasse	garitach	charitach	haritach
frimas	dehiogronda		
frimas de glace dans l'eau	ʒchenra		
fripon	henenchkʒach		
þe friponne	gnenchkʒach	chnenchkʒach	hanenchkʒa
þe suis frisé je ʒak	dehiadenonkeri	desanonkeri	dehenonkeri
þeme frise	degadadenonkerich	dechadadenonkerich	dechadadenon
þe frise quelquun	dekenonkerich	dechenonkerich	dehagononkerich
fait frisson ʒoyez il fremis			
il fait froid	hotoré		
fai froid	hagatorach	satorach	hatorach
fromage	hʒichtochera		
froment	honadgia		
mon front	kendgiagué	chkendgiagué	haguendgiagué

fr

φe frotte. graniek chraniek karaniek

φe Me frotte, gadiadekach chadiadokach hadiadokach

d'huile fruit ohia, il y a bien du fruit gtahionni

fu

φe fuis gateggach chateggach hateggach

fumé Boucanné kayenggaritti

φe fais fuir keyateggata cheyateggata chagoyateggata

je fais fumer guienggaritta chienggaritta hayenggaritta

φe fume hakrota sarota harota — fume

trotin

φel gat choggach chatchoggach hatchoggach

fumée hoyenggara

φe suis furieux, haktaggas sattaggas hottaggas

fusil gachionra, mon fusil hakehonra

φe fusille Kehonrahgach schonrahgach, hachonrah

φe suis fripon, tidgagadattonti tidisadattonti, titihodi

44. Suppleement a la lettre F 4486

ga ga

gagé onharhahi

je gage quelqu'un	kenhas	chenhas	chagonhas
je parie je gage	deguienha	dechienha	dchayenha

		Duel	gageons dedieu
nous gageons	dchagrahienha	deyaguienha	
vous gagés	desgahienha	dedzihienha	
ils gagent	dehorihienha	dehienha	

je gageois   d'oguienhakkra
j'ai gagé   desaguien vel. yaguienhi

j'avois gagé   yaguienhihna

je gagerai   d'enguien

je gagerois   d'aguienha

j'aurois gagé   d'aonguienhihna

j'aurai gagé   aonguienhik

___

je gagne   desgahentcha dechadentcha dchadentcha

on m'a gagné,   dchionguetchahi dchiesatchahi dchonkatcha

homme galand,   hehronchera nonhget

galette pain,   horakkyatera   vel. d'yorakkyagyen

j'ai eu galle   hagnosserach sanosserach honosserach

Vel. haguistarennion, cela est par taches

ga ga

gard hennisti chera

ϕegaloppe ktakhé chktakhe hatakhé
ϕai la gangrenne; ͫͣᵖᵖˡᵃʸˢ ⁱᵗ ᵖᵒⁱˢ ͭigahontzi icha onkkrin

je garde gnonna chnonna hanonna

je Monte la garde gnatanonna chnatallonsa hanatanonsa

ϕeprend garde   gachterista chachterista hachterista
            jaisoro

ϕeNyai ϕas pris gardé hiate kyaguerki

prend garde de &   Aksi

        gare; herin setta

ϕuneȝ gaté housken ; gaté sali, öherkenti

ϕegate quelq; chose kerkenta cherkenta aherkenta

a ma gauche skeyennogati, cheyennogati, hoyennogati
                            ᵃᵗᵃ   ᵃˢᵃ
agay

ȝe ȝe ȝe ȝe

ȝeants,   ni hanenhies göna

ȝeay oiseau ͭidi

ȝelé hononniano, yel hononnyayen   ˡᵃ ᵗᵉʳʳᵉ ᵉˢᵗ ᵍᵉˡᵉ́

il gele,   gachinkïahyenha

la riuiere est gelé glace, öhȣichö

je suis gelé, haguiatanonniayen sayata koyata

ge ge

Gemeaux ŏchiëkhen

Nous sommes gemeaux deguikhen dedziken [Vous] dehikhen [ils]

mes gencives gnotgiŏtăkkgi chnotgiotăkkgi hanotgiotăkkgi

mon gendré hagrenhons chenenhons honenhons

je suis gêné, dchgagadiatahahagui, debadiato, dchodiatahar

f egene quelq: dekeyatohahach decheyatohahach dechagoyatohah

En general hagzegui tchihzen, Yel gzati gagzegui

Yn genie Cequi Croyent qui les conduit.; hoyaronchera
                                                    Voyez esprit

le genou kontchigué chontchigué hontchigué

 genisse tchichtatienha tionkouhkyaront

fe Me Mets a genou, degatontkŏtă desatontkŏtă dehatontkŏtă

fe suis gercé hagŏguen chŏguen hahŏguen

 germe honenha Cela germe hŏnen kŏta

fe gesticule degatieronnionk dechatieronnionk dchatieronnion

gigi

gibier d'eau Sourae, chon, gibier de terre gondidiéchon
                                              Yel garhagonha gondidiés

Cy git tŏ gayen;

mon gité, agnakta Janiakta honakta
         Yel agnoncha Janoncha hononcha.

gl gl.

de la glace. ohgichia

glacé kahgichioch,   glaçon hohgichiotonnia

la glace est sans flege hogakkonhgen

la fonte des glaces tcha gahgichogga

Une glacierre hehgichia guéhrondakkga

gland . garitto

Ynne glaise, lieu où le chevreuil et le Cerf aiment à se trouver,
          hohierguenchia
j'ai une glande haksahesata sasahesata hosahesata

glande hösahesa

glissant dehiohgitchkgat

je glisse dehgaggitchkgach desahgitchkgach dehöhgitchkga

je glissois dehgaggitchkgakkga

j'ai glissé dehgaggitchkgen   Comperatif
                                                  glisse
j'avois glissé dehgaggitchkgenna   desatedzitkgata

je glisserai endehgaggitchkgata

je glisserois hadehgaggitchkgach

j'aurois glissé hadehgonggitchkgenna

j'aurai glissé daonggitchkgenk

je glisse, hegatonhgi isep hechatonhgiseeh hehatonhgiseeh
expres.

glorieux, gnayé chnayé hänayé

gl gt

glouton   honiatorich
glu   osechta
je glue,   Kesechtahach voyez gomme

go go

gobelet   heneguirhata   hotzensenni
gome   osechta
je gomme   Kehechtahach chechechlahach hasechtahas
je suis goguenard haguennores sahizennores hotzennores
ma gorge   gueniarigué cheniarigué honiarigué   ynne gorge
j'ai quelqu. chose dans la gorge onguech'ti

gourmand   honiatorich
je gouste gatenientenha yeb gueklonk
ynne goute Ikassarata
je ne vois goute hiate Kkenha, hiate chkenha, hiate hagnenha
je gouuerne un Canot, deguennidenhyata dechennidenhyata
                                          dechennidenhyata

gr gr

je fais grace   Ketinrhé chetinrhé chagotinrhé
je ßonne grace, haguiatahiensti sayatahiensti hoyatahiensti
un grain deBled dzrennenhata

gr.

graine hionenchta

de la graisse hokxichia

petite graisse gadokach chadokach hadokach

ξe graisse quelq; chose knokach chnokach hanokach

ξe graisse quelquun, kenokach chienokach chagonokach

graissé kanokah8i

homme grand hanenhies

ξe suis grand grenhies chenenhies hanenhies

grand long hons, grand etgros gohxanen

ma grandeur tchaxiga tchaxicha ta tchanihra la

je suis aussi grand que toi, sadedinenhies

ξe suis aussi grand que lui sadehaxinenhies

il est aussi grand que toi sadedginenhies

il est aussi grand que lui sadchinenhies

nous sommes de même grandeur tous trois, sadedxanenhiedgis

Jnne graſse skentaksata

graſsin dchion tsichnendakta

gras ossen

ξe suis gras hagassen sassen hossen

le gras de la jambe; osnonna

petite graisse gatkerach chatkerach hatkedach

je graisse quelq; kekedach chekedach chagokedach

gr   gr

φegratte unnespeau, kogonch chogonch ragonch
φedonnegratis. gsati skchion   Beaugrattú
                                            hiogönhsen

    graué kayanati
jegraue   guinnata chianata kayanata
            moro
deBon gré, hagrihsihosk sarihsiholek herihsihosk

    gsele grële hönëcha
    il grele   honechar onkondies

    grenne keninehta

    grenouille skgarak

du gres, pierre, ëtiötionkga

    gril ondrakondakkga

φesais griller kenkekidach, chentchidach hahentchidae
Cela est grillé kahentchitahsi

    gris hohessa hen

j'ai les cheveux gris konhratin chonhratin ationhratin

φesais lagrimais dsigatkonkharonnionch.

φe grince, digat nedgiatakionch, dechadnolk dechadnolk
      les dents
    grine tchichkagok

φegronde, kedachsahens chidachsahens chegodachsah
     quelqu'un
    gros gohganen

gr
groiselle   honadgiokksa
jesuis grosse gneri chneri haneri
                                      jesuis   tu es
       grossier hödé   haguidé saindé

φe grossis gakkohganenkhé, chkohganenkhé kakköhga
jeduiensgros   nenkhö

je grossis quilgi kekohanata chkohanata hakohanata
       Moro

       grue   tarera

                     gu
       A gué, dchiontchotyack

       guenon, guennonha Yel ongé gakontondak

       guespe   hònakkonda

       laguerre hònòdaguettas

φeyasen querre garegyack saregyack haregyack
jesuis guert, sgagaðon   ðssagaðon skadon Yel
                                            onhasedgienhi

φiguerie kedgiens chedgiens chagodgiens
quelquien
φeguette, dehsegnenrayen desanenrayen dehonenrayen

       gueule v. Bouche

φesuis gueux degatonhonkariakh desatonhonkariakch
                                      dehatonhon d
       je geux knegahné chnegakee hariegahné

       guide dchaha hakksa

φeguide ðegahahakksen hatié dechahahakksen
                                      dchaha hakksen

       gui mauue herbe

                 fin

Supplement
a la lettre 9.~9

48   ha, bah   97   48

ϕ je suis habile   gueÿennio   cheyennio   hayennio
                  hah'exclamation,   hägué
ϕ habille quelqu'un, kehiatahsitta cheyatahsitta chagoyata
ϕ je m'habille   gadiatahsita chadiatahsita hadiadakçi
Mon habit   gariatahzitchera deganansa, satiatähzitchera
                                              hotiatahsitchen
        habitant,   hayenzach
ϕ j'habite   guennagueratch, chennagueratch hennagueratch
C'est mon habitude, toni guiennodese, toni chiennodese
                                           toni hayennodere

ϕ je m'habitue,   haguiendeschkon sayendeschkon hoyendeschkon
   à quelq. chose
ϕ je hable,   guennoyenta chennoyenta hennoyenta
        hache   askȣechia
ma hache   hagaskȣechia saskȣechia hoskȣechia
ϕ je hache   dekritta dechritta deharitta
ϕ je hais   guechȣahens chechȣahens hachȣahens
   quelq. chose
ϕ je hais quelqu'un kechȣahens chechȣahens chagöchȣahens
ϕ je suis halé hakrakkȣaritti sarakkȣaritti horakkȣ-
mon haleine   gatonries   chatonries   hatonries
              Yel hagonrichera chonrichera ahonrichera
ϕ je prends haleine, degadonricheratironsa, dechadonri
                                                dechadonri
il n'était pas une haleine de vent
              hiate tkaarötha
ϕ je suis hors d'haleine, gatonriokta chatonriokta hatonriokta

hat

hameçon gachahɛinonɛchera
la hanche ɣeha gaɛnit chokta
hanneton, hönöhɣa
φ chante, keyerondarha, cheyerondarha, chagoyerondarha
quelquun   hat

harang, chonkɣa
φ harangue, haguetɛa Kahachera gönhɣa
   enconseil
         harangueur nkahɛennotatié sonk
φ harangue Kohɛennototüé chɛennotatüé, hahɣ
  dans le vilage   notati
mes hardes gasseronniatha, chasseronniatha,
                                                  hasseronnia
φ harCele deguechkenheyata, dechechken, decha
jesuis, hardi hiachtente haguidateronka
                         d'uvin   je nais peur
je suis hargneux agadɣennori, Sahɣennori, hahɣen
       harpon dehiot.ɣionda hechta
φ pesche au harpon garechegɣa haronk chatechegɣ
                                                  (hatechegɣ
         par hazard, gɛata hadienra,
                   je me hâte
Schater dehɣaknonɣariahenö, desanonɣtɛ dekono
         Voyez depescher

ha ha

haure   ontonhsiniondakksa
haussé. degensechti, yel henskenkatasi
                    enhaus ielus
φ̄ehausse hensken kraha, chraha hahraha
φ̄emehausse, hentken gadatraha chadatr, hadat
                                               raha
        haut. hensken
  ma hauteur, icha ni knenkies, chnenkies
                                     hanenkies
       hauteur Montagne; onondakra
φ̄ctombe du haut mal, akchontahas sachontahas
                                      höchontahas
       haye d'espine dehiohsikta rohsha

hé he

       hé interjection   ahi
φ̄ suis hebeté haguidé saindé ködé
                 hös
φ̄ rend Bétè kedechta chedechta chagodechta
       hellebore
       hemoragie dehiënionkas
    φ̄. henkis
    φ̄o hennis dègarsinssach dechossinssach deharsin
       herbe   hahsennokkira
       unshere deganodgionda gassereta
       herissé dehononkeri

he   he

hérisson   honhëta

hermaphrodite,   hehron Eneröta

héron   honiniassa gralon

φe hesit, asonte hagadgennondagsen, chadgenen hadgen
a faire quelque chose,
φchesit sen parlant, gadöennokta chadgennokta hadsen
                                tcha gata   tcha Satae   tcha hotae

hestre   hoskenra

heure ils ne comptent point les heures.
toutes à l'heure, onkken, Yel onhya Yel kendgik
tout à l'heure, il a chose est passé, achiadgik
à la bonne heure, tant mieux, dehianerinha
φ suis heureux, haguitenri Saintenri gotenri

hi   hi

hibou   keköa

hier   hachëté   auant hiers; chicherek

hirondelle   dgironkiori

histoire, garihsa
φ Cont'Yne histoire, gatoriaha chatoriaha hatoriaha
                                            au milieu de l'hiver
hyuers Kocheragué,   Kocheraheu
φ hyuerne gadocheriak chadocheriak hadocheriak
le commencement de l'hyuers, kocherakta

49 La finde l'hivers   kocheraguenkih
                         au milieu de l'hivers
              ho   ho   kocherahen

hola, allez onen, y el ak8i ne dis pas

homme ongsé

Je suis homme hagongsé chongsé rongsé
                en tourne il est homme qui ment ivois
   il est homme amentier, ahennoyenta tchanihayadosen

J'honore Kerakk8a cherakk8a chagorakk8a
quelq'un

J'ai honte gatcheno chatchens hatchens

Je hontoyo, Keyatchata cheyatchata chagoyatchata

+ J'ai le hoquet
    unne horloge garakk8i chiak

Cela fait horreur, kottagrat

      horrible, deyodenonkianitti, yel sanigonkenheyat

hors dehors Aste

Je mets dehors, Keyaditkench, cheyaditkench, chagoyaditkench
quelqu'un
                 j'arive   dans   la Caban   tu
mon hoste, saguion tcha hononchiayen, sacheoru
                                          il arive
                                          sahayoru

hu

Je fais la huée, dekeyadondarikta dechaya, dechagoti
    huit   tegueron
    huile   öhna
d'huile gnokach chnokach hanökach
    huilé   ganokahsi
    humecté kananahsenti
J'humecte, gnanasensa chnanahsensa hananahsensa
Je suis de mauvaise humeur, degaseriendokeh dechaserier, dechaserier
Je suis de bonne humeur; hagnigonron hsesksak
C'est mon humeur; toni knigonrotin
    humide houschasenki
  + hupé hastiseröta; y el hogodgiähra
Je hurle garkentas charkentas harkentas
commun loup

hy

Je suis hydropique hagniadohsen sadiadohsa, hodia
    hypocrite ksrihsi hsstihen

Suppléement a la
lettre h.

Suppplement a la lettre

#50   ℒa ℒe

ℒabot   honiata
ℒadis   hörihsa gàyon
Je suis ℒaloux   hagakkahrin sakkahrin ökkahrin
    ℒamais   hia hsenton
    ℒambe   hononda
Le gras de ℒambe osnonna   Le devant de la
                                   ℒambe

+ Le mois de ℒanvier &. au supplément, M.

Je ℒappe   Kanniaha channiaha hanniaha
Comme un chien.

    ℒardin   Kahsentsi
mon ℒargon, nigsennodien nichsennoden ni hahsenn
Le ℒarret   guiattigué chiattigué hoyattigué

    ℒaune   hotgikksarogon

    ℒaulot   il on le Connoissons point

Je rend ℒaune   hotgikksa nigt gassocti
ℒ'ai la ℒaunisse dehsaguechkennadiagui, debachkenna
                                    Dehochkenna
            ici
        ici tonin
        par ici tonen hagsa

J∂ Jδ

C'est mon idée   Keto ni gaknigonroten
j'échange d'idée,   Des
                  Deskagadas nigonratenionch

J̈e.

J̈e͞ Moi hi,

avoir, J̈ai, haguien ~~sastrasa~~ sayero hoyen

J̈e suitte hatilgienstadgi

J̈e sus   hiessös

J̈e les de pierre, tcha nigasseres hagonenhiendi

J̈e jette quelqi chose gadion sadioro hodioro

J̈e jette des pierres   Kinenhichiagsach, chinenhiorchago
à quelquun,   nenhichingsa

J̈e jette quelquun
par terre   Keyahsendaheehta, cheyahsendahechta
                                      chagoyahsendax

J̈eu Kahienda

J̈e jeune exprez, haguendondietti sayendondietti
                                      hayendondietti

J̈e J̈eune de force, gatonkariakch, chatonkariakch, ehaton
                                                 kariakch

         h͞onb̈ ~~chaguien~~   J̈eune fille
J̈eune homme hakchatasso.   Ekchatasso

§G

J'ignore   hakkendonk sakkondonk hokkondonk
je suis J'gnorant   hiachrerate guchienk chehienk hakien

§I

il pronom ne s'exprime ordinairement point

Où est-il kanen thenderon
il est là   tö thenderon
île ou isle kahsenno
dans l'isle kahsennagué
au Bout de l'isle, tcha hotsennoktë

§M

J'image   kahiatonchera hëyatha
J'imagine guenonktonnionk chenonktonnionk hononktan
J'mbecille hiate honigonrate
J'imite   kenagueranik chenagueranik chagonaguerr
immobile   hiate hatoria heronk
immodeste hiate hotehens

imparfait   ason te gadeyennichiati
qui n'est pas fini,
imparfait   ti gaherken hayata hientakié
plein de défauts
j'suis impatiens, hönaksenekkon, sel dehateriendokch
+ j'suis impatiente degateriendokch, dechatex dehaterien &
J'mpitoyable hiate hodanitenrory

Im Imp

Cela ß'importe   garihgakorou

  j'ß'importe   tochegsa ÿel hahgeri hatré

ßesuis ß'importun,   akonhachon, ſahonhachon
                                            hahonhachon
ß'importune, Keyahonchterha cheyahonchterha
                                            chagohonchterha
Cela fait impression, gonigonragonhsa
                              chrasens
       imprudent   hiate dehayatoretta

       impudent   hiate haserakksa

       ß'impudique hotchinadonchkon

ßn

  ß'incapable de   godgikoha

ßesuis ß'incertain, hiate haktoguensek ſatoguensek
                                            horoguensek

       ß'incessament, onen gsato

j'ſais une ß'incision, degorinha dechorinha dehorinha

       ß'incite, Keyatarichta cheyatarichta chagoyalat..

       ß'incommode, hahgentonniat

ß'incommode   keyodateh cheyodatih chagoyodateh
  quelqu'un

       ß'inconnu hiate honhayentes

       ß'inconstans hiate honigonrayendas

       incorrigible hiate hadsennahaksa

In. In.

Incredule hiaté hatondalih
yel hiaté hörihgioteronnia
Inculte asonté kahientgi
indcuet hiaté hörihgihisti
Indifferent hiaté hachniach
Indigne gahesken
j'aiune Indigestion, guennaktiach chennaktiach hennaktiach
jesuis Indiscret hakrihgagayen Sarihgagayen hösihgagayen
indocile horihga hesken
indolent hönoronsek
Industrieux, aggegui nhéhayenk
Inegal, Sehioti'ken
Inépuisable, hiaté hahget haondoksen
Inevitable, totchi hiahgenhi
Inexorable, hiaté hatanitenrhé
Infanterie, hatiskenraguellat hektaguéchon hennes
Infatigable, hiaté tädehachkenheyons,
Infecté, Etken kagras, yel gusennahesken
Infecte, kehiassgatta cheyassgatta chagoyassgatta
Infiniment haggeeh
jesuis Infirme, haguetgiöha Satgiöha hatgiöha

In

φ̃ M'informe, kerihgatiendonk cherihgatiendonk chagon

φ̃ informe quelqu'un, V. φ̃ auertis;

φ̃ e fais φ̃ n fuser, gnanahgenta chnanahgenta hananahga

φ̃ ngenieux   agseguinhchayenk

φ̃ ngrat, hiaté hennonktonnionk tehani, onhgentiens

φ̃ inhume kenontahaik chenontahaik chagonontahaik

φ̃ e vis des φ̃ njures kenanicherongtaik chenanichieron &
                                                          chagonanichier

φ̃ nhumain V. Cruel

il est φ̃ nnocent, hiaté korihga tieragten
    innendé ohnödon   } de cedont on la accusé
                         onhgarihga hechtina

φ̃ e suis φ̃ nquiet; hiate kaknigonriöšek.

φ̃ nsensé Voyez fol

φ̃ e suis φ̃ nsolent hakrihgagaté sarihgagaté horihgagaté

Yn φ̃ nstant   tcha nga honiošeha

a l φ̃ nstant toté gtato

φ̃ instruis quelqu'un, Kerihoriennik cherihoriennik chago
                                                    rihoriennik

φ̃ φ̃ nsulte, quelqu'un hadekeyeronnionk, hadecheyeronnionk
                                              hadechagoyeron&

φ̃ e suis φ̃ nteressé, hagasteniaron } del dehgaknonkianich, ladr
     mesnager   }

φ̃ nterprette, chagohgennagaadatek

φ̃ interpretté krihgagadatek chrihgagadatek, harihgagada

φ̃ nterieurement haknigonrajonhga

§ n.   100

L'Interrogation s'exprime en Mettant Ken a
la fin du mot Suivants, Ex: esce toi iskeu.
Cela est il Bien, Neñ ken, Yel ghianerôken

§ interroge keyarendonk, cheyarendonk, chagoyarondonk,
            Yel kerihsatakksach cherihsa, chagorihsa

§ interromp kerihoviennik cherihoriennik chagorihos
mon § n'time ami, onguinssi dziatchi hônatchi

        intimidé onhatchanitti

§ intimide Keyaterchanitta cheyatets chagoyatets

        § ntrepide hahseriaté

§ ntroduis kederonné chederonné chagoderonné
  quelqu'un,

        § nuctiuer Voyez §nburier

§ inuente degorinha deuhorinha dehorinha
  quelq; chose

§ inuente une grihsacheronniaha chrihsa& harihsa&
  histoire.

§ inuestis satkrahegsa dechsahegsa dehohahegsa

je suis § nuincible hiate hahset onknenanianik

        § nuisible hiaté hoguent

§ inuite Kenonkhé chenonkhé chagononkhé
  d'un repas

In

Inutille dons on ne se sers pas; hiato hechta

Cela est inutille C'est en vain, hiatarhyaton

Io

Ioseau Ioseau, Kanenhia Roron

Ic Ioint degraneguenha dechraneguens dechara
une chose a une autre

Cela est joint, degaraneguen Ynne jointée
Ynne Iointure, deyassondera dzeniata

Ioli, hiö, Yel Kattaggaṡi

Ione honöda

La joüe Kiöguensagué

Ic Ioüe deguienha deehienha dehayenha

Ic Iongle, gatadotha chatadotha hatadotha
Yel keyaskattyaen

il sert de joüet, onhatentöriata

le jour gendé il fait jour ourhenki

la pointe du jour grhenguetdzik

long jour 8endes jour Court Nihgendagsaha

un jour syendata

tous les jours chetechon

Mes jours finissent ongadondoktaṡ

Ie donne le Bonjour Kenonronk8anionk
                                    tu   il
                        chenonronk8an chagononronk8a

φo

Le chemin d'une journée, hetioyondakksi

φe suis φoyeux haknigonrahagen Sanigonrahagen
honigonrahann

φr φr

φe suis φr resolu deχaknigonragué desanigoux dehonigon
φrrité honaksenhi

φirrite henaksatanik chenaksatanik chagonaksatanik

φs

isle kahsenno a lisle kahsennagué

φt
φu

φe. φugo keyadrendetha cheyadrena chagoyadren
qualquun

+ φuillet

φumeaux dehiekhen

Nous sommes φumeaux dedikhen, dedgikhen dehikhen

φupe ou φraguet kaksaa

φusque la, tönonhré   φusques a quand, kentonké

φusques a present, tökéhanen ; φusques a moi,
tcha hikta

φuste au Corps degananèva

tout juste, nenondzik nenodzik

fin

Jusil juste
Cela est juste

Suppléement a la
Lettre J. J.

La

La, article

La; adverbe   tönen, parla tohagsati

la ou je suis, teka guideron

De la, tö

par la, nen hagsa

lac, ganiataré   le long du lac ganiatahaktubi

je Laboure quettakarhatsach chiettakars hohettakars

lache detendu

je suis lache peureux, haguidoguere, laindoguere, hoden uers

je suis Ladre hagnion sanion honion

je suis laid haguetken cherken hahetken

de la laine hogannhsa

je laisse quelqechose ou je laisse a garder   ny tjueke pao
exprès dans un lieu gatakksanayeouha, chatakksa, hatakksanayes Laisselela
                                                               Tarka

je laisse échapper, skeniaguenta tcheniaguenta shaniaguenta

je laisse se fermeto; kkahienha chkahienha hukkahienha

je laisse j'abandonne. Voyez abandonner

je laisse par
oubli   gnigonrhenha chnigonrhenha hanigonrhenha

La

du lait hononrachia

une lame, gahionta

ÿc Me Lamento degassintgach, dechassintgach, dechassin̈v̈

une Lampe, hehnarakk8a kahachera

une Lance gachegra rohaa

ÿc Lance 8ayadies, hësadies, hehëdies

Lancette dehiondadenin̈cha hechtak̈k8a

Langue hönacha

mon langage rig̈gennoden, richgennoden, nihahgennodin

ÿe parle une autre langage gadgennondakk8a chadgennon, hadgennonda

ÿc Langues hagronhiaguens, saronhiaguens, höronhiaguens

ÿe lapide Onen̈hia keriotta, cheriotta chagoriotta

Lapin, Sk8ahen

Lard k8ichkg̈ich hödonsera

Laquais on̈harohas

ÿe larde degahgesta hodonsera, dechahgesta dehahgesta

Large dos dehioniñes, yet hätagsenta

Larme oukassera

Verse des larmes k̈kasserãris chkasserãris hakasserãris

ÿe suis les larmes kekasseragk̈ehgach, chekasserãrs chagok̈as

larron han̈ensk8ach

La

je suis las hadehyagueradietts, desaradietti, hadehoradietts
ɸ estbe lasse, hadegradietta, hadeeheradietta, hadeharadietts

Laué, kioharé
ɸ e laue goharech choharech hoharech

je donne un *partiLut*
Lauement herchigaragonhʒa Keneganhontʒach

Laurier hahennagras yel hatatiach

Laxatif, deyagödia tongottakʒa

Le

l'article le la les ne s'exprime point en Iroquois
on met Cependant quelques fois le mot jehen, après Lelui
dont il s'agit Exemple Kanadgia. la chaudiere
 Kasidgia, chon, les chaudieres
___

le long haktarié

ɸ e leche Keganentch, cheganentch haganentch

leger nihskichté chayenha

le landemain, konsahisrhenha

ɸ e suis lent haguiadachayen sayadachayen koyadachayen

des Lentes, hosginhontkʒa

Léguel, chonnonk yel kamenni hayataa

ɸ e ris une lettre Kehiatonsek, cheyatonsek chageyatonsek

il s'est leué hoskenhsi

ɸ e me leue gaskenhach chaskenhach haskenhach

ɸ e leue quelq. deguekkʒata yel degueksʒa deehekʒa dehakʒa
 chose

le le

φe leur unne Lache ~~daynicken~~, Keyaieipatongyasek

La leure, hechkyaa

leuraut, tahontaneguen istgachia

Lezard totich

li li li

liard arbre skarok Yelchkarok

liberal, hotiesen, hagatieiien satieien
            itint   jeluio   tues

Je suis libre gatatsennio chatetsennio hatatsennio

Lie, Kahrio   lien henerinchta

φe lie quelgichos, Knerinch chnerinch hanerinch

φe lie quelquun, Kicharontha checharontia chagocharonta
          unhomme lie hacharonta

lierre

lieu en quel lieu Kanien?

Lieure tahontaneguen

ligne apescher , ontchirokksa

φepescher a la ligne, gachiroch, chatchiroch hatchiroch

Seliguer, ils lesont ligues gatondiechta

limaçon ganonchissere

li

Lime heranietta
φ e Lime graniek chraniek, haraniek
Linge Kagarinha
liquide, hönanahsen
φ e Lis, degakiatoncheragraridi ; desaya ⁱ⁵ dekogatooⁿ⁵
Liure, Kahiatonchera
liure poids skatkoncherata

Liurer Voyez donner.

lo

φ e Loge ta ; tonin gagnonchiahien ; sanonchiahien
                                              hononchiarȣ
Loin hinon tres loin hinon gŏna
φ e n'ai pas le loisir, haguiodéché, sayodéché hoyodéché
Long hons
ⁱᵘᶜ ˢ long a faire, chiodé tingui tcha chonniaha
    Byel Sachayen.
a la longue,
il fera a la longue nhinherōnniagra

Lo

tout du long, haktatiéha

tout le long du Bord haktatté

longtemps honissi

lorsque .. toqué

pour lors, toqué

un lot, kayakonk

Je fais les lots, guiakonk chiakonk hayakonk.

Je Louche kkakkarinrhé, chkakkarinthé; hakakka-

louche, hagakkasinhré

Je loüe on me prête etje payerai ons prete
  onguenhiasek Ekkariakch, hesinniasek enchkaria
  je gage   onhinniasek, enkakariak
                           on lus preté

Je loüe
je donne des louanges, dekerincharonk dekerinsaronk dichagorionk

Loup tahionni

Loutre sk8ayen

Lourd, hoyadakchté

Louppe hotzikkota

Lu

la luette ogonchta

luisant teyostatek

Lu

Cela reluit	deyoserennatek
lumierre	deyorhatek
la lune	karakksa sonrekha
Croissant de la lune,	asonte dgioterakksichiahi
plein de la lune	dgioterakksichiahi
decours de la lune,	sagarakksatten
lunettes hatkonchotchera	hëgarha
lutter,	
&lutte, degatatienaoneh dechatatiena&. dechatatiena&	
luxurieux,	henhroncherasonksé
luy	aronrha
elle	ahonka

Supplément à la lettre L.

MA MA

Le pronon ma mon s'exprime comme je l'ai dit au commencement, de même que les verbes possessifs, par les lettres hak qu'on met audevant de la chose appartenant. Exp. à la place des Deux pronoms qui composent le mot simple

gahonha : un Canot
hakkonha mon Canot

gachionra : Yn fusil
hak chionra Mon fusil

Maché, dehsatichkahon.

ϕ Mache degarchkata dechatchkata dehaschkata

la Machoire   hoyoguensa

Madame,   hotonhissen

Mademoiselle

Madrier, oichsengaa

Magazin tcha ontenninonta

Yn Mai   Kaninharota

ϕ le Mois de Mai   Voyez Supp. Mois

ϕ Je suis Maigre, hagatisen chatisen hotisen

ma Main   Kechotta cheihotta hachotta

ϕ Je Serre avec la Main quienayakonk

Ma

Mais

ma maison, haknonchiayen sanonchiayen
                                    kononchiayen

Je suis Maitre, g8ennio ch8ennio hats8ennio
de quelq. chose. Yel hi hagahsen is sasen, aonrha
                                             hohsen

Je Me sais le Maitre

Je M'approprie, gadads8onniochta schatadsen hatadsen

J'ai mal, hagnonhaktanik sanonhaktanik hononhaktanik

Je suis Malade, haguenhraras sanhraras honhraras

tour maladie Generalle, ganonchistarines

mal ais é, onhit

Je suis Maladroit haguenhis sanhis onhis

quelq. chose Mal fait, Konhihi

quelqu'un Malfait hayata hetken

Vne Male Kahonchera

Mâle hat gûna

Malgre Moi, dehonha rahiadakk8a

Malgré toi, diesarayadakk8a

Malgré lui, thon harayadakk8a

Je suis Malheureux gaterass8a hetken, chater ass8a
                                                   il
                                              hater ass8a

Ma   ma

Je suis Malhabile, hieyennahetken, cheyennahetken, hayen il

Je suis Malicieux, hagrihsahetken, chrihsa, harihsa il

Je Maltraite *de paroles* Kedachsahens, chedachsahens, chagodas &

Je Maltraite *de coups* Kedariock, chedariock, chagodariock

    Mamelles,   gononhraëhiagué

    Yn Manche   héhyennokahakksa

    Ynne Manche   skaninscha garatt

Je Mande quelqu'un   shekesonkhi, chenonkhi, chagononkhi

    Mangé   högui   ƶel   högarien

Je Mange   higuekch   hichekeh   hihekeh
 ƶel garekonia charekonia   harekonia

Bon à manger   högahsi

Je donne à manger Kedgienhanik chedgienhanik chagodgienh

Je fais à Manger   garkastonk   chackastonk   hackastonk

Je Manie *je touche*   gaguiëna   gachiëna   gahayëna

Je Manque de   haguichsas   sayehsas   höyehsas

Je Manque Mon Coup sagattsatta sachattsatta sahattsatta

    ny manque pas,   hakyi sanigonshenha

ma ma

un Marais schaguendayen vel kahentayen

Marchand hatendinonk

Marchandises hontenninontõ, vel hataksennia

je Marche higué hichés hires imperatis
                                                                 marche

je marchois higues ksa sasse

j'ai marché saguetti

je marcherai hengué

Subjunctif

je marcherois ahigué

j'aurois marché ahonguettihna

j'aurai marché ahonguettik

       a Bon marché satiesen

il marche de Bonne grace, hayaniõ

je Marche vite, guianore chianore hayanore

je Marche doucement skenon higué ehkenon hiché ihkenon hires

y une longue marche, ahnhiẽ

     Marche degré heratinehta

Ma   Ma

Mareiage, Nikentaha

Mareschal garondanenksik dehattakonniennik

Yn Mari, Kanakksa

Marie honiagui Mariei

&cMeMarie, haguenniakeh saniakeh honiakeh

&cMeDeMarie sagadekachioreh, haguesinguihna

Marmite deganontonta

Marqué Kayanati

&cMarque guianata chianata hayanata

ma Marraine, hakehennahsi

jesuis Marri, skatatrehsatta tchatatrehsatta
                                        shatatrehsatta

mois deMars Y. supp mois,

Marte ouMartre tcherannoha

Marteau hëhsa hechta

Masque onakonchorechta

jeMe Masque gatkonchoreeh chatkonchorech hatkon
                                              chörech

Massacré onhanonsariakon.

&cMassacre Kenonhsariakonk chenonhsariakonk
                                    chagononhsariakonk

ma ma

Masse ou massive, kadgikkša

Masson, haronchonnicha yel hactenronnich.

Yn mast de Canot, harontodakkša

Yn matelas, honnisorakkša

Je Mâte en Canot, grondota chrondota harondota

le Matin, ourhenhigué

Matelot ȣsechtogon ȣngȣé

la Matinée hȣrhenhigué ha

Marinal, hayéhȣata

matou tagos

Matrice,

Mauuais a manger, ȣahetken hahiek

Mauuais parlant d'un homme, hahetken

Mauuais parlant de quelque chose hetken

Me Me

Mechant y. Mauvais

Meconnoissant y. ingrat

je Meconnois hiate skeyentes hiate tcheyentes hiate tcha
quelqu'un goyentes
je ne Meconnois hiate skaradientes;

Mecontent, hiate hönigonriöseh

je Mecontente, skenigonratyatta

Medecin, hatedgiens   Medecinne
                            hononksatchera
Voy: le Supplement;
je Medecine kenonksatchera nontyach chenonksatchen
                                      chagononksatde
je Medis, Kehyennötas chehyennötas chagohyennötas

Medisant chagohyennötachikon

je me Mefie, hagarenhaha chatenhaba harenhaba
je suis Mefiant, hagarhars sarhars horhars
je l'ai fait par Megarde, hiase hsaguelli

Meilleur, name ogari, hel nane gyanere

Mêlé teyodiechti

je Mele deguiechta dechiechta dehakiechta

ils sont pele Mêle degondiechti

Melon d'eau Onionchiagaté

Melon francois Kanionchiagras

Me Me

Membre Viril honera   feminin hönenra

J'eMême Jagata

J'ai Bonne Memoire, haknigonroyanen sanigoiorh honigon
Memorable, hiatv ayagonigonthenha

феMenace Kedachyahens chedachyahens chagoda
феMenace Kenhariongyach chenhariongyach
                                            chagonharion

феMesnage,
Je suis Mesnager, Kchenonniaha schenonniaha, hachenonn

Mendiant, Konegachken, yel hanekha
фMandie Keneganik cheneganik haneganik

феMène, Kuedironnié yel keyatenhaksi, cheyatenh
                                               chagoyalen

феleMene voiries

Menterie, Konnoyenda
феMents hunnoyenta chennoyenta hennoyenta
Menteur, hodanoyen

Menton ohioha

Menu nihsasperaticha

Me Me

je Meprise Keguenranik cheguenranik chago,queü
                                                    ranik
            quelquun
je suis Meprisé, hiate onkkrakkga, hiate hesarakkg̈i
                                        hiató honharakkg̈i

la mer ganiatarganen

grand Merci Niahsan

Ma Mere hagnourha Jangrha hongrha
quand on lapelle ondit   haka mamere
Duloté Maternel, Kanohencheragué haggati
les enfans des deux Soeurs appellent leur
tante, leur mere, ils sont aussi leurs fils
a la maniere des Iroquois.

homme de Merite, onhakonnienchta

il merite Cela
en bonnes part ;   netoḋgik tehani onhayatodinchto

il n'a que Ceque il Merite
enmauvaise part ; hodayanerinha netoḋgik changa
                                           hoyatahyanik

Merle grive tchichkaga
C'est de mesme Netöḋzik

je suis du meme avis que toi, Jade honguinigonrotin
en meme temps, tokéḋgik

C'est de même que lui, Jadehiot

non pas meme Celui la g̈i, hiana ganka tchato

Me Me

Messager, horihsenhatigitta

La Messe, kohachien hatgienstadgi
     Vel onterennayenha

ϕ entends la Messe, hagaterinnayen kohachien

Mesure onteriendenchta

ϕ Mesure, gatenientenha chatenientenha hatenientenha

a Mesure que, ihagra

Metamorphosé hoya hotatialondakti Vel deyotiatadenion

Metal Cuivre hienatgionniata

ϕ emeto, la, to saguien to sachien to sahayen

ϕ emeto a part, heren heguiencha, hechienha hedayenha

Meunier hatecheronniaha

Meur stchichiahi   fruit Meur ohiari

Meure ssahies

Meurier, sahies garonda

les fruits Meurissent, ohiati hatsi

Meurtri ohrakennattahesi

ϕ e Meurtris Kerahennattach cherahen& chagorehen
quelquun

Mi — Mé

miademi, achënon

Midi, garonhiahen, Yel Endick

miel, oranayenda

mie de pain, orakkya gonhra

mien i hagahsen ils sayen *istion*, ahourha hohsin *sin*

le comparatif Mieux ne s'exprime qu'en
montrant les choses comparées et disant de l'une
Celle la, est bien, Nayé tingyach Yel neródgik
lorsquil y a il vaut Mieux

Mil, Nombre, yassen tehyenniahsé

le Milieu Achënonk

au Milieu de Nous, dedgayatoguen

au Milieu de la Ville, Kanathen

Mine Kagarinha

Je fais la Mine, hagasken grenti, sarken grenti, haskenti

J'ai Bonne Mine, hagidataganonni sayatats koyatats

Minuit, assontin

Miracle

Miroir, haskonchotchera

Je suis Misérable

Mi Mi

mis, to gayen

mes Mitaines, haguennistchera sennio‍8 honnio‍8 &

MO MO

Mobile, ahondakta yel hatariaherenk

Mode y façon

femcmodere, skenonha, gatatonniaha

moderne

Mœurs, icha ni aggayennodien

Moi ĭ yel hĭ on appui beaucoup sur l'ĭ

moindre, hochtɣi,

Moineau garioha

Moins, hodgidachlɣi,   tous aumoins
                       honsk‍8aha
le moins que tu pouras; Enchatkenrata, ha higuen
tu en as moins On tourne il en a le beaucoup
                       hissöa höyen
pendonnemoins, gucchi‍8atã chechi‍8ata hachi‍8ata

Mois s‍8ennidata   y supplement

Un mois dgionnidata

moisi gchkenharé

temps de la Moisson

Moite hon‍ariak‍8en

mo . . mo .

la **Motié** Sategachenonk
par môtié achenonk
mol ny ohrodinha
Cela s'amolit, ohrodino
Mon, s'exprime en mettant devant le substantif
ces trois lettres hag.. Ex assaä Couteau
  hagassäa mon Couteau

Monceau Kaguéhron
Le Monde gentgia gsegui
Beaucoup de Monde Kendioksänin.
Monstre Kahetken göna
Mont, hönondahra
Montée, honetotaatti
Monter unne Côtv;
se Monte Knetotahach chnetotahach hanotahach

 dans une chambre
se Monte gratinha chratinha karatinha

montrerau **se Montre** Keyatchiatanik cheyatchiues chagöyaly
doit

se Montre quelqs chose à quelqu'un
Kenatonnik chenatonnik chagonatonnik
se Me Montre, gadodachionch, chadodachionah hadoda &
  cachè qu'jetois
unne **Montre** Karakksichiakeh; Yel Karakksa gahenhiud

MO   MO

Se mocquer de quelqu'un.

Je me Moque   Keyatentoriata, cheyatentoriata   ihi
                                   chagoyatentoriata

C'est en se mocquant que &c. öchoretakkça

Je suis Moqueur pkchoretakkça sachoretakkça, hochoretakk

on se moque de moi, hongatentoriata

     Morceau degayagui   Morceau de Viande   otchokkça

Mordre   Je mord   kerich cherich chagorich

       Je te mord   gonrich

       tu me mord   chkrich

       je le mord   herich

       il me mord   hagrich

       tu le mord   hecherich

       il te mord   hiarich

       il le mord   hörich

       Je Mordois   krichkça

       J'ai mordu   krigui

       J'avois Mordu   kriguihna

       Je Morderai   Engrik

       Je Morderois   enhegrik

       J'aurois Mordu ; aongriguihna

       J'aurai Mordu ; agça engrik

     Mordu,   karigui

     Matière

la Mort ne sedit point; öhrènich V. Lesuppleme

M.O M.O

Je cherche la mort

Je suis Mort fondu, hagaterach, chatorach; hatorach

Je suis Moribond, dezakksatonck desakksatonck dehökgatonik
Yel, gadatchensek chadatchensek hödatchensek

Mort Kahonhëyon Yel hochkenna

Mortellement Enhiahihëyata
                                  mortier à massonner

Mortier Kanigakta

chagrin mortifié Dehoriendaninseronk

Je Mortifie quelqu'un, dekeriendarintanik dehorieri, dechagorien &c

Grande Mortifie Nesedit poins

Se Mortifier........ de hatatenhonkariatta
                                  Yel gatateronhiaguenta

Morue hetginonkera,

Je suis Morueux haguetginonkksarota, Satginonkksa & hotginon &c

Mot dgiökgennata Yel skarissata

Je Redis mot hiachtenteguiheron, hiachtente chiheron
                                     hiachten16 henheron

Nedis mot aksi chtenve chiheron

Je prend au mot Nesedit poins

Mot a mot Skara chongué

Motte de terre ohetta ggaranton

Je Mouche une chandelle, Kchichtshahaggach,—

Je Mouche quelqu'un, Keretchinonkeraguëgack, chetapi &c
                                        chagotchinon &c

Je Me Mouche, gadatchinonkeraguëgack, chadal g&c
                                       hadal &c

Mouchoir honlchinonkeraguësatta

Mo   Mo

Je Mouds Ketetha chetetha hatetha

Mouelle   hostaronhȣa

Mouillé   ohranonhȣen

Je Mouille quelq. chose, gnanaȣenta, chnanaȣenta hanaraȣ

Je Mouille quelcun Keyadosserach cheyadosserach, chagoyadosserach

Moulé   gananaȣenti,

Un moule;   Ne sedit point

Moulin   ganigakta

Mourant   Yoyéo, moribond, Enheyonserô

Je meurs,   guiheya chiheya hiheya

Mousquet   V. fusil

Mousse qui est aux arbres

Moutarde

Mouton   tiotinagarontenha

Mouvant   hatoriaheronk

Je Mouue,   gatoriahronk, chatoriahronk hatoriahronk

Mouuement   Ontoriahronk

Moy   j.

Je n'ai pas le Moyen, hiate ȣagwies
                   pour une Bete   pour un oiseau
il mue,   ȣatkonhȣensa, ȣadenaȣȣentha

Je Mugis gataõ chataõ hataõ

Mu   Mu

Mur muraille

Je sais un Mur, gueehtanronniaha chehtin$ hachtinronnia

Museau Kanionchagué

Mutilé   Dehodesinsechiagué,
pour un Bras,

Je suis Mutin, hagaderihori chaderihori köderihori

Yet hiat horatchkon, il neyeut pas Ceder

Je me Mutine, gadadenaksatanik chadadenaksatanik hadadenaksa$

Supplement

Je Condamne à la mort, Keyadsentetha, cheyadsen chagoya

Je pleure La mort, Kenas chenas chagonas

nom des Mois

		115
Janvier	dziotora gŏna	
fevrier	tichha	
Mars	tichkŏna	
Avril	ganeralloha	
mai	ganerallo gona	
juin	ichakka	
Juillet	hiari gŏna	
Aoust	chereskéha	
7bembre	chereskĕ gona	
Octobre	Kentenhava	
Novembre	Kenten gŏna	
decembre	dziotoréha	

Na. Na. Na

je Nage	*sans peine* gatenondies	chatenondies	hatenondies	
je Nage en Canot	kknget	chkaget	hagaget	
je suis en Nage	gatarihens	chatarihens	hatarihens	
	ẙel detgaktonkx̵ahas			

Nageoire dun poisson onagena

un Nain nyhanenhixgxaha ẙel hoʞʇʞi

je suis Natif ynaguera chnaguera hanaguera

ma Nation aggranaguera, ẙel Saguiongenǧiata *d quelle nation est tu* hot nŏga chiadotin

Natte Kentchkaha

Nature
Cela lui est Naturel sahöhierat

j'ai fait Naufrage, hakonhioki, sahōnhioki, ohonhioki

Navigable hehoyondietta

Naviger

je Navige Konhiondies chonhiondies ahonhiondies

Navire gahonhiögahen

Ney ou né gonaguerati

Ne. Ne

Ne Devant L'imperatif françois s'exprime
par, ak̵i Ex

Ne sais pas Cela ak̵i tŏnŏga chiera

Ne   Ne

Ne Dans l'interrogation s'exprime par Ken

N'est ce pas toi   hia, Ken, io;

Nécessaire   tiotkont hechta

N'est le   il n'y en a point dans le Continent

Nege   ögra   il Nege okrondies

Combien y at il de Nege, Kanin ny okrayen
                                                    Y.l Kanin ny Onnieyen

Negliger
                                        tu
p.c Neglige hiate gasterista / hiate chasterista / hiat
                                                                     il
                                                                     hasterista

Negligent hiate hasterista

Negoce, Ce terme n'est point en usage chez eux

Negre   kahonzi

Nerf   dzinonhiata

Nerveux   hotzinonhiata gate

Nez   Onionchia

Net, ou il ne paroist rien, hiachtente, hotienn

Net, lavé, koraguesen

                                            tu   il
p.c Netoye kraguesack, chraguesack, haragu

Neud   otgikksaronda

mon Neveu gon yen gaden, cheyen gaden
                                                                    chagöyen gaden

Neuf; assez, tout Neuf; assédgik

Neuf Nombre   gaderan

Ni   Ni   117

Ni, hia
Niais hôdé ; haguidé (je suis)   saindé (tu as niais)
Nid hotinnachin, vel honakkyahra
Nieu yoyes. Neueu

je Nie, gatonhiha chatonhiha hatonhiha
je Niois, galonhihakkya   j'imperatif
j'ai Nié, gagatonhihi   nie
j'auois Nié, gatonhihihna   nions
je Nirai, engatonhiha   niés
je Nirois, hagatonhia
j'auois Nié, congatonhihihna
j'aurai Nié, nengatonhiha

Nippes hatahgirchera chon
Nippes a mettre dans des souliers sauvages
                                            hatatitchera

No   No

(je suis) Noble kehennoganen schennoganen (tu es)
                                        hachennoganen (il est)
Noces c'terme n'est point usité
Noël feste Sahennaguerat $ebes$
Noir ossendogon, vel konszi
je Noircis gassendosserach chassendosserach ha$gend
                                            ossorach

NO   NO

Noisette   öchasissera
noix   öchögra
mon Nom   hakchinna sachinna kochinna
je Nomme   keyasonk cheyasonk chagoyasonk
Comment Cela s'nomme til , hot kayadi
unom de quelq.
je Nombre   gasserach chasserach kasserach
mon Nombril   haguitcherota sainscherota hotetiero
Non   hia yel hiakten
Nonante   yaderon nisassin
Nord   hötörégué hagra
nos   chongra   Noire, chongui
Noué, kanonoksarota
je Noud gnonoksarota chnonoksarota hanonoksarota
Nourri   önadgientanik
je Nourris   kedgientanik chedgientanik chagodgientanik
Nourisse   hanongserhata ; elle donne son lait
Nourisson   onhanongserhata ; on lui donne du lait
Nous   onguionohra   vous sraonohra ; ononhra
    ongnonrhas   snonhas   ononhas
Duel, Nous sommes deux   dehaguiatagué
Vous estes deux   dedgiatagué
ils sont deux   dchiatagué

NO

Nouveau orihsasséa
fruit Nouveau, akhia ohkiari
Nouvellements ăchiadgik
Noyeau oninchta
Noyé gochkohi
pomme Noye gueskonha checkikonha hachkonha
je sais Noyer keskonha checkkonha chagochkanha
Noyer oninnogaka Noyer tendre hoguiegatta
Noyer a longues noix dgiochoggess

NU

Nu ou Nud kuasseron
je suis Nud teste hiale haknonrori, sanonrori hononrori
je suis Nud pieds hagachkonchon higue hichō il hiress
Nuage horchiguera ronrion
Nuée horchiguera
je Nuis aquelgi dekeyatzeen nahueziasck deehya, deehago
Nuit sonrek il fait Nuit hogarahgi
minuit asonrin
la Nuit vient dehiogarahgi hatié
Nul hia chongara
Nulle part hia ganka

tous les Noms sont indeclinables, et les Verbes se
Conjuguent a peu près tous les uns comme les autres
la pluspart des Noms ont leur terminaisons en a
pour les Verbes ils sont presque tous différents, et c'est
ce qui en rend la Conjugaison Difficile;

Ex. ononres jaimo
     guechgahens   je hais
     guéchakeh   je cherche
     onéigontā   je Couds
     Ktāggxas   je trains
Kuonigonrondahach; je donne de l'esprit
     garaganhek   j'ai envie ou je Désire
     gatchoneh,   je Delie;
gassonderaggach,   je Dessoude
     Degarattat   je Loue
     guechnoré   je Depesche un ouvrage
Keenayertanik   je Donne un Dementi
     gatakennēta je perche un Canot

Ainsi Des autres;

pour en faciliter la Conjugaison on trouvera, à chacun des Verbes
la premiere personne De tous les tems, et j'en Conjuguerai
quelques uns pour servir de regles, aux autres:
Une des plus grandes Difficultés de cette langue vient de ce que
les Verbes n'ont point De substantif, Exemple
Du Verbe aimer   on ne dit point amour
     De hair   on ne dit point haine,
et l'on est obligé pour se faire entendre D'user De
Circonlocutions; qui sont tout à fait incommodes pour
les Commençants. Ex. j'aime la Vie, ils tournent
j'aime Cela par quoi l'on vit.

Les Verbes n'ont point aussi d'infinitif; au lieu duquel ils se servent souvent du futur, Exemple j'veux aller ils disent, j'irai; ou je crois que j'irai quelques fois d'un autre temps Comme je sais qu'il batre ils disent j'ai vu qu'on le batoit, Et quelques fois du présent Exemple j'ai envie de Danser; on Dit j'ai envie que je Danse;

La plus part Des Verbes au présent à la premierre personne commencent par la lettre J, ou K, qui Determine si c'est d'une chose ou d'une personne que l'on parle, Exemple

id:
Jganongés; j'aime quelqu'chose
Kuenongés jaime quelqu'un
Chenongés n'aime quelqu'chose
Chenongés n'aime quelqu'un
hanongés il aime quelq'chose
Chagonongés il aime quelqu'un

Cette Différence se trouve Dans tous ce sais distingue la chose dont on veut parler;

La seconde personne commence toujours par Ch;
La troisième par ha, ou a, simplement, et par chagö lorsqu'il s'agit D'un homme ou d'une femme, qu'on aime ou qu'on hait ou qu'on Bat &c.
Et au pluriel, à la premierre personne, on met Devant le Verbe agga nous à la seconde Sga, à la troisième hati, Ex;
aggañongés Nous aimons
Sganongés Vous aimez
hatinongés ils aiment

et lorsque la personne est jointe avec le Verbe, il ne faut qu'en changer les premierres lettres, pour Denoter Celui qu'on fait agir ou Celui Dont on parle, Exemple

2.° | exemple |
--- | --- | ---
 | je t'aime | gonnonges
 | tu m'aimes | skenonges
 | je l'aime | hénonges
 | il m'aime | haignonges
 | elle l'aime | héchénonges
 | il t'aime | hianonges
 | il l'aime | hönonges
 | Nous nous aimons | Dedgatatenonges
 | Vous vous aimés | Desgatatenonges
 | ils s'aiment | Dehostatenonges

Cela se pratique egalement et sans exception dans tous
les verbes, il en est de même du mot, gadat, lequel au
devant de chaque verbe auquel il peut convenir
signifie, je me, Exemple je m'aime gadatenonges
je me hais, gadadechgahins

Tous les temps se forment du present, mais quelques-
uns avec tant d'irregularités que je ne crois pas
qu'on puisse ny les partager par conjugaisons, ny donner
aucunnes regles faciles pour les conjuguer. Le futur
seul est déterminé en mettant, etc, au devant du
verbe. Ex. gnonges j'aime
Engnongas j'aimerai, Yel Eignonkenha
gaktendia je pars
Engaktendia je partirai
higué je vas
hengué j'irai &c.

Tous les verbes n'ont ny participes n'y gerondifs
ny supins, Aulieu de participe; aimant; ilo, Celui
qui aime, ou qui aimois, pour le gerondif; en aimant.
On tourne lorsqu'il aimoit; pour le supin
aimer, ilo bioma; que l'on aime;

On trouvera tres peu d'adverbes, la plus spart s'en
joindre avec les verbes en ne composant qu'un seul mot
Ex. jeloux yito guianori, tu lous yico chiattore de
je perte Bien, grizahient chrizahient, harizahien
qui vaut autant que de dire j'entend Afaire un discou
Voicy quelques uns des plus usités

par, par la ville ganalaguiéchou
Ou Kanin   Ou uas tu kanin gaché
icy, tonin,   reste icy; toviou stak yel schiderondak
la, héchi,
Dou, kanin douviens tu Kanin dachetta
dela   tö   je viens dela,   tö Daguetta.
par ou, kanin hagga,
par icy   tö hagga
par la,   nén hagga
aujourd'huy, onkkuen,
Demain,   biourhenna
hier,   hachetek,
aprez Demain, Endgiourhenna,
tous les jours, chetechou;
Yne fois, Skata
pourquoy   höt karibonniaa
oui, nétö yel näyé yel toguech
Non, hiā yel hyaktch

Le point interrogant s'exprime
par quien, qui vaut le monosi des latins
Ex. N'est ce pas neto quiés

Courage,	tèhiaguen	
Voila,	Levoila bi gayen au duel	
Ensemble,	tedgziarins,	
Bien,	hissoa, et syanéré,	
Beaucoup,	Kętkäte plusieurs	
Moins,	sęhtgikha	
peu,	un peu sęhtgiha	
Ainsi,	esc ainsi Netö quen Nicut,	C'est ainsi Netö
	es cela Nā quen,	

Les Noms N'ayant n'y Comparatiss ny Superlatifs les adverbes N'en ont point non plus

Des prépositions

auprès,	aktāa
chez,	tcha
Devant,	ouhentoro
Contre,	aktāa

Les Comparatifs et Superlatifs s'expriment, seulement en montrant lachose ou lapersonne Dont il s'agit, ou sa dénotation, Ex. Celui la est plus fort il faut tourner Cela la est fort

Autour,	Desegiotsatassé	
au Dela,	chi hagga	Seulement Kuengra
En Deça	garohagga	trop peu sdgidachtsi
Contre,	aktāa	pas encor, àson
Dans,	agenhga	tout juste, Nelödgik
hors, dehors	asté	C'est ci pas Cela tigāté
Entre, parmi,	achenont	C'est autre chose höyadzik

auprès tout près tonetkuenha
après, ōnāguén
Derrierre, ōnāguén
audessus, hetken
Lelong, attahé
Jusquela tcha hiodoktas
audela ; chi hagga
Sans, Naguens
En cachette Dasseigué
Sous, hagoñga
Dessus, enhaut; henkuen
Dans agōnhga

Des Conjonctions

Si . . . né
Aussi ongra
alors, tŏqué
Sois quimporte tochëgga
C'est pourquoi, Nagarihonníaha
Encor ; orack
pas encor ason
parceque Nagarihonniaha
Nescepas qi Nayé quén Yelñitôquen
ehkien voyez N'est point usité, la sené est le mot
astrongi qui en approche le plus

O O O

Φ Obeir Kesennarakksa chesennarakksa chogosenna
oussieni; galondatih charondatih batondatih
obligé

φ ete suis obligé Nia gan chkiterhekksa
     C'est adire je ne remerie ni n'a secouru
tu m'obligera hachkika nit enra

Je suis obligé de faire &   obliger Contraindre &

Obscuri degalla Sondiak.

obscur lieu obscur deyodassondarigui

φ Observe deguiatoretto, yel deyakneserayon

φ M Obstine aned gaderayadakksa chadirayas, hadirayas,

+ OCC

Occident tcha dehatchotsach bagsa

ocupé embarassé

φ e suis Ocupé haguiodé sayodé koyodé

Ocuper un lieu

φ ocupé, gnaguere, chsaguere, kanaguere

Ocean ganiataro sanan gona

Occasion

quand l'occasion se presentera φ elui eirai le même plaisir
senton guigsa   tonin sheyera tcha ni haguiera
       quand   je ne l'aspas
C'est adire il pourra etre un temps qi

bonne Odeur   ogasi tcha sagras yel gasinnio
mauvaise Odeur gasinna hetken

Oe

mon œuil kegara chegara hogara

œil hegara Bel œil 8gar̈äö

œillade degan karik kont

œuf onhonchia

Of Of

Offence quelqi kenigonrahetkenca chenigonrarschagoni

poitre kehiahre cheyahṛö chagoyah85

offrir et donner parmi les iroquois c'est la
même chose parce qi celui a qui l'on offre
feroit incivil s'il refusoit et il prend toujours

Ognon Ononhgaren

Oindre yoyés graisser

Oiseau garïöha

Ombrage ouinhanochti

Ombre ouinhano

On; particulier: on l'aime, il faut dire
ils l'aiment Onhanonyes

mon Ongle haguetta Sahetta ohetta

Onze 8a8in skata kahré

mon Oncle gnoxens hianossens son honossens
                      son

Opinion

C'est mon opinion nane 8aknigonrotien   Opiniatri
C'est ton & na ne sanigonrotien   yoyés
C'est son   na ne honigonrotien   mutin

OPP OPP

Opposer au sentiment d'quelcun

je m'oppose ϑ hiate grigsanonges hinte chrigsanonges
hiate horigsanonges

ϑ opte graggach chraggach haraggach
je suis Opulent sakkäté sagäté kegaté

OR OR

Or gichtanoron, gzitkgarogon
orage, ingahgennstaté gsteru degdudiesti
Orange fruit
C'est mon Ordinaire jonguierat sesayerat sahöyerat
je donne Ordre gatenkao chatenhao hatenhas
je mets l'ordre, gadeyennonniaha, chadeyenon, hadeyenxe
Ordure hagennokhera chonha
Oreille ohonta
Oreiller onakonserakkga
je suis orgueilleux gnayé chnayé hanayé
Orient ekarakkginkens hagga
Orme kahongaha
Orteil onhiaggira
Ortie hö hëuhera

OS   OS

OS hochtienda

J'ose   hiate gatigueronha hiate chatigueronha
                            hiate hatigueronha

Je n'ose pas   gatigueronha chatigueronha, hati...

Oseille   oneratta deyoyodguik

Osier   Ösetta

Ours   öquizari   ourson Ötakchera

Ötage   karihyakonna

J'ôte   deguékyach deebekyach dehakyach

OU

Ou   Kanin

Je gîtage ou jai été
ganatayen teha hadegagakton

Ouale   hono deyotgenonni

J'oublie   knigonrhens chnigonrhens hanigonrhens

J'oublois   knigonrhenskea

J'ai oublié   haknigonrhenki

J'avois oublié   Knigonrhenshikna

J'oublirai   enknigonrhensa

Je sai oublié   gonnigonrhenki &c.

OU OU

Oui, Nétô, Naye; Niȣ; toȣeeh; hëen,

j'ouis gatondé chatondé hotondé

je perce d'outr'en outre degongotta dechongotta dehongotta

Ouuert   8tenhotongȣen Yel ganhotongȣen

Outil Ontierāta

je parle à Cœur Ouuert haknigonragȣegui *Detour mon Cœur*
                                            i-yen-haguëtaha

Ouurage gonniaha

il y a Bien de l'ouurage hiosoa hayagoyodenha

j'ouure guenhotongrach, chenhotongrach
                                            hanhotongrach
Oye Konkha, Yel dȣadȣenniakeh

Outarde Kahonk

~~~~~~~~~~

        Suppleemtkl -

pa   pa

pacifique; Onigonriö

Je paie yoyés Jespay..   ynne paix
   paille   hochtondera   Dgiochtonderata
   pain   orakken
   ynne paire tegni
mon pays hagonhsenegiagué, chonhsenegiagué
                                    áhonhsenegiagué
   Dequel pays es tu, chon Rkönon
                          Yel Kanin Rkönon
   paitre il paist -- hagesenokerach
   paix   chkenon
   on est en paix hiatö hagoderiö
   ils ont fait la paix, Sehkenon Jkonadon
   ils rompent la paix, Dgionderiocheré
   paix la taisez vous, Dgiatieriak

Jesuis pâle deragueehkennadiagui, debachkennadiagui
jepalis dkechkennadiak, tchechkenst Dchochkennadiagu
                                    Thatkennast
   pamé   honigonratton
Le pachant kakarinhré
Je me panche gatchaktonch chatchaktonch hatchakst
        Yel gadiatkarinratch, chadiatkarinrat hadiatst

panché

Il panche debebôtela nenhagsa kagurivri

pannier kahassera

la panse 8neguerinda

pante 8agarenhró gel, ontonharonnentet

papier Kayatonchera

papillon Anahyen

pasques, tska nenshatonhek

paquet kahrëna,

je fais un paquet, khrenonniaha, ehrenonx —

je delie un paquet krinagatchonch chrenngax

je charge un paquet gatrenaraha ihal, hatronax

par la nenhagsa

par ou Kaninhagsa

parlous g8atigagsegui

par ce que garihonnia

paradis garonhiagué

parasite hakksanen

je parcours quësonk chësonk rhësonk

pa   pa

Je pardonne kesinrhek chesinrhek chaginnrhek
    paré   hodiadacheronni
Je me pare   gadiadacheronniaha chadiadacheronn
                                 hadiadacheronn
Je pare un coup gadennahagsata
  mon parent kenonksa chenonksa chagononksa
je suis paresseux haknoronsek sansronnek honoronsek
Je partais   gadeyennichiak chadeyennichiakek
  partais   yadeyennichias̈   hadeyennich
  homme partais kinehtente hayerin
Je parie   deguienha deetienha dekeyenha
Je parle   haguelaa sasaa hoaa
Je parle Malde kesennotahas chesennotaas
                                   il
                              chagsennotaha
  grand parleur   korihsenhi
  deque parle trij chon cheyatanta
Je suis parmi eux nadeyagsadicehti
  paroitre Cela paroiss hoguene
Je parois plus grand ontourne je me troijois plus
                                                grand
  tu parois &
  il paroiss &
  ma parolle hesenna chesenna hasenna
  par quelqi part kenka chonha
  nun paroir hatchinnahsi sachinnahsi housinna

	pa	
femelle à part,	heren yagatienhas	heren chati
		heren hatienha
je prend ma part,	ontaterag8ennik,	chatap,hata
Ecoute s'part	g8ati gag8egui	
Je partage	Sadeg8ienha Sadechienha	Sadehaye
Cela se partage	Sadegayenten	
unne partie		
ynne partie de jeu	Skayendati	8el Skanedg8ita
Je sais plusieurs parts	guiakonk chiakonk	hayakonk
paruret	ondiada cheronniata	
un pas	dgib,hahata	
achaq' pas	na8chathahak8ngta	
un passage	onsongottakkya	
passant	harongota	
passé	harongotti	
Le temps passé	Oniossi	
Je passe	garongotta charongotta	harongotas
Le temps passe vite	hiaté hononsioneh,	honkocheron gotta
passeport,	onsongottakksia	gayatonchera
passoire	onakta	
de la pâte	yséra 8el	gatecheranayenti

pa pa   65

partir
φ επars gattendia chattendia hattendia
un parti deguerre · Kaninhra   Kaninhrondié   il went un parti
φ eyaien pari gareggaich chareggaich hareggaich
pas pied ockida.
pas decheureüil horginarenda c'est le nom moi
                                                s'pour tous les
                                                animaux qui
patient, chkenon heronna teha non daye ne de la cervau
                                              sinon pied
φ esprend patience gsati guinonktonnionk, chenonktonn∞ hronk
                                                        tonnionk
φ eipen patience gunnigonrokta chennigonr. hennigenrokta
patir ontodginettakksa
φ cyas sur les patins degatodginetta duchatodginetta dehat...
patir
φ epatie hakronhiaguens haronhiaguens horenyaguens
ma patrie hagonhrengiagué chonhrengiagué haonhgens
                                                ziagué
– le pané gastlinra lin baha
– pavillon Ontiencherodakksa gayanerinchera
yel onteniendenchtakksa Kagarinha
ma pais piere kkarettagué chkarettagué hakkarettagué
φ e suis pauure degatonhonkariakeh dehatonhonkari
                                              dehatonhonkaria
φ e paye   kkkariakeh chekariakeh chaookariakeh
quelques
je paye simple... kkariakeh, chkariakeh hakariakeh

pc   pc   pc

pcau vero hoserochia

pcau qui n'est tendue Kanehia

pcau passée Katkonhata

peiñé gorihza neragui

Je peche grihzaneraugaeto chrihzaneraggach karihza &

peigne Karinkta

Je me peigne degadodarichchionch dechadodarichchionch
                                    dehadrdarichchionch

Je peigne quelquun dekeyodarichchionch, deibeyodas
                                        deehagoyo da &

                    chagnn
J'ay de la peine   haknigonrahetkens, sanigonrahetkens
                                            honigonrahetken

J'ai de la peine   hakronhiaguens saronhiaguens horonhiagu
    au travail,   cns

Je peine, j'oyez, j'écris Yel giwianatonk chianatonk hayan
                                                        tonk

It pein to strinke

pêle mêle degondiechti

pele deyeriakksata

pelé kagonhenti

Je pele kogonhensa chkonhensa hagonhensa

pelure d'un fruit horahsichta

pe pe

pelotte ajouer   hodgikhsa.

pendant que   tōkué

pe pend quelqchose,   gnionta ikniontä kanionta

Je pendu homm⸱,   Kehonderineh ikehondinneh
                                    chaąohonderineh

pendu accroché   Käniondä

Je penetre   degongotta dechongotta dehongotta

Je pense   giccnonktonniank chekonktonk hononktian
je bange

Je pense unnieplay   keronsek cheronsek chagoronsek
                        Jel Keyensaronk

ia pensée   tcha nigaknigonrotin

Ja pensée   tcha nisanigonrotin

Sa pensée   tcha nikonigonrotin

J'ai pensé   onen guenhra
Jai presgi
                            pnesen ou Fiato jeto mort
J'ai pensé mourir onen guenhra guiheyonnia

pensif   henonktonniank

pepin   Onixehta

percant   ohiótié

percé   skarionta

pe   pe

þe perce kkarinta chkarinta hakarinta
     ÿel degahechta dechahechta dehehechta
un perche ontahenno takkga
þeperche en canot gatahennota chatahennota hatahen
                                              nota
Þesuis perchés dehyagatkyahon dechatkyahra, dehatky
                                                  hra
quelq; chose perdu   hotton
                                           clarté
nous sommes perdus endginheya. ongyayadatton
þe perd quelq; chose, ongattons hesatons okotons
Þeperd aujeu, dehionguetchach, dohiesatchach, dehonhat
Þesuis perdu clarté. gadiadaton chadiadaton hodiad
    perdreau hononniagareri yehtyachia
    perdix honon niagareri ÿel okyessen
mon pere kniho hianiha honi
mongrandpere kehiötaa sachiötaa hochiötaa
                              vos, leurs
mes peres hagatonni syatonni honatonni
mon beau pere hagnenhon
peril, ify adu peril hotteron, ÿel deyodenonhiania
Þeperit guiheya chiheya ahiheya

pi pi pi

Pipaille

pie oiseau

piece morceau   deguenhniakonk

En Mets en piece degritta dechsitta dcharitta
            vel   deguiakonk dechiakonk dechoyakonk

En taille en piece &c.onomi Kenenianich chenenianich chagonenianich

Piecer piece, dekiyeronnienk dechcyeronnienk dechagoyeronnien_

pied, Ochida   Monpied hagachida, sachida, hochida

ai mal au pied, hagachidanonakeh sachidanonakeh hochidanonakeh

pied a pied gradatim;   chkenon ha,

de pied ferme,   akei dechiongsachidasisik

mettre sur pied une Armée, Kenenhronniaha chenenhron, chagonen-
                                                           hronniaha
piece   heyentonksa

Donner dans un piege, gatadenaga chatadenaga hatadenaga

pierre   Onenhia vel hochtinra pier rocher
          a fusil

Pepette des pierres Kenenhio yaggack, chenenhio yaj chagonenhi-
                     a qu...eux
pierre precieuse   Onenhia Roron

pierre a eguiser Onenhia Ehiotionkga

pigeon, Ochiourakkoya

pile a piler   ganigakta

Pepile guetetha chetetha hatetha

pilon hetetakksa

pin pin

pin arbre   honettes
pin Rouge   honettoyn
                  je pin
épines,   dekenanonkyanik dechenanonkyaré derhayonn
des épines a fin. On a fumer.   dekiedgiektoha kata
pioche   òchioktonehera
j'ai pioche   gatchioktonek chatchioktonek
pipe   hatchoggatta

piquant qui pique   chionhadet
pique épeé emmanchée gacheggarohahé
je me pique de   Savoir quelque chose
           hag̃enonktonk tchi h'geri chenarktonk henanklurt &c
piquets   kanagaroton gel kakennotienl
je plante des piquets kakennotahe chakennotaha akennotaha
j'arrache des piquets, kakennotagyaik, chakennotagy ahennotagy
piqueur de mouche
il me pique, kötcherinda garien
           je pique je pique dekeyahektea, dechyahekta Dehagoyahekta
pire   Natche gya ahetken
De mal en pis   dagiaskensiregyo
au pis aller, Nheyakser hagga
pisser   Onhinha
je pisse   guenichtiaguek chenichtiaguek henichtiaguek

	per	per
66. | | 66.

permets	khayenha	chkayenha	hatkayenha
Cela n'est pas permis	hia hyenton toti hayerha		
il est permis	söyerati		
perroquet	degaktiakeh		
perruque	hononrorekta hahserahia		
persécuté	onhaterongrani		
persécute	keyaterongrank	cheyaterongranik	chagoyaterongranik
persil	8kteyaken		
personne	hiachongare		
personne pour quelqu'un	ongsé		
en turne C'est toujours de même que je l'aime			
persévère,	nhenhia senhia hagsa, ichanihenongeo
à l'aimer			
persuade	kenigenrakarhatyach, chenigonra, henigonra-
persuertis	kenigenrodaggach chenigdire, henigenrodag-
pesant	8kchte		
pesche fruit	Ogonhori ohia		
pesche a poisson	hedziaggata		
pesche	guedgiagrah, chedgiagrah hedgiag-
pesche a la ligne	gatchiroch chetchiroch hatchiroch
pere	gatenientenha chatenientenha hatenientenha

pe pe pe

peste   Meste   s'Cesons des hommes   s'Cesons des femmes
           dehondiechti   yelhegondiechti

la peste   gononchiotarines gönia

j'empeste   hagueniendaheskens   sanindaheskens   harindaheskens

pet   gounidenion

je pete   guenidenionch, chenidenionch hanidenionch

petillant   8atta tong8ach

petit   ni8a   petit homme nihanenkiog8ah

le plus petit   hiehochtsi

peu   hachtsiha, unpeu Nionha

trop peu   hodgidachtsi

le peuple   hagongseda gsagui

je peuple, gatonhsentgionniahra; chatonhsentgiondi
                                                        hatonhsentgion

j'ai peur, haguidatterons   saindatterons   hodatterons

je sais peur Kedatterongsanik chedatterongsanik, chagode &c.

j'epouvant
je suis peureux   haguidoquerč   daindoquerč   hodoquerč

peut être ; hegat Nel chtenguig8a

ph

phantome   heskenna

phiole   Karchita

phisionomiste ; hadekekarahiendat

pit   pi

pitolit   nigachionwagraka
hai pitié des kesinrhek chesinrhek chagesinrhek
suis pitoyable hagatanitenrackkar
suis pitieux degagununenku hechta desanionka huhta de ka
pincrz Cisean asitogsile

                pl   pl

ma place   hagnakta sanakta hinakta
Je lais place kenaktotas chenaktotas chagenaktotas
Je me lais une place gadesnaktotanik, chadak, hadesnaktotanik
plain plat pais sadesensgiate
Je suis plain   akchodionek sackodionek hochodionek
je me plains de quelq kesihestanik cherihostanik chagorihostanik
   plaine deyohsennonda
   plaine astre, hotkencho, Cotonnier astre quennens
Je plais, ongnonges hesanugses onhansugses
   il est plaisant agreable, ahorysoskgat
Je plaisante kesyatentoriata cheyatentoriata chagoyatentoriata
Cau un plaisir haeckennonniak
Je lais plaisir j'oblige, kesennayasek cheyenrayasek chagoyenrayase
hai du plaisir, hagatchennonnio saechennonnio haeckennon
   planche hechsungaha

pl

Je fais des plantes, Kehrengaronniaha schrengaron× hochrengar×

de plant, ahienniötin

Je plante grenisla cheniöta haniöta

plantin, hochksenrita

plante despieds, keragsatta,

plaque de fusil Olginenkara

plat uni. degalaggentin, dekthggentinha, deeklass
                                     en platio   en oplat.

plat amange hatgien

platose dekia gensgiakksin

plausible, ahöri togueh aguenk

plage, dchienihniagui

je fais une plage, keronsek cheronsek chagoronsek

plc   ple

plein degaheresn longs pleine jointe aux substantif il
exprime en changeant la derniere lettre en i
Exemple Baril ganakkse
         Baril plein ganakksi

pleine lune ganakksa gsegni

pleine jour garenhiatsen yel gendihnel

pleine nuit axontin

pleurs Oukarera

pl pl

Je pleure garkentaz charkentaz harkentaz

Je fais pleurer, keyarkentakkya cheyarkentakka chegoyarkens

Satans pleureux hötgidasen

pleuvoir ilpleut hystivandiö

un pli hotoguiri

pluer dekchaktench, dedatchaktench, dehatchaktench

plié dekiotchakten

Je me plie degadchaktench desadatchaktench dehadatchak

visage plissé dehiotkonchkeri, stote plissé

se plisse, dekloguirish dechteguirich dehatoguirich

plomb onenhia

a plomb dehioteguenti

Je plonge gatenrock chatenrock hatenrock

plongeon, plongeur oiseau de rivière kontenrock

platen dekiotgenossni

pluie hostiä

plume a écrire kahrata shintenkkya

plumage plume Onagse vel otenia

plumet degannchahra

plus davantage hisen   plus souvent   plus tard
                                  hotkont aguenk   na hötgidin

plus guepoy   plus guetoy   pleur guelui
unguialengottanik hesatongottasik, hehorhatägottanik

Pl

plus qu'il n'en faut   hyokonchata
le plus tôt que je pourrai, il disait jamais de plus chaud
plus tôt que lui y soyez auant lui
je viens plus tost kendé ïkendé äkendé
plusieur tahrich tahrich

Po Po

poche   gayara
pôele   ategnatchera   ondeahkondakksa
pôelon   id....
poid   ondeniendenchta
poignard   hasaha ondadientakksa
le poignard   kegentà chegenta chagnyenta
un poigneé   sasgiegari
poing poignet   hechiottagué
je donne des coups de poing kegonrksa chegonrksa chagogonrksa
poignet   chiottagué
poil   hegonhsa
je lais le poil kegonhsenta chegonhsenta chagogonhsenta
point du jour   houchenhiguechik dediahsendaronhsa
point negation hia

po   po

la pointe d'une montagne   Nionondaguenhiata
de luis sur le pointe, Onentoha, vel onen gatendoktanik
    pointe . . .   Ghiotien garakta
    pointe de terre   Oginta
    pointe   Kahiotien
† a pointes   Kiotionk ehiotionk ahiotionk
    poire   ohia hotkonnanni   poireau hanonahia
    pois legume   gsahita
    poisson . .   hagionda
    poitrine ,   ghashigué
    poivre   Ononkyaschera onokastenkyn
    poison   honachinra
    poix raisine   gsehta
    poli . .   deyostatek
† e poli, degustata dechehtatii dekastata
la ponne le couchant   teha dehiodehiotgoeh hagga
    pondre   elle pond   honinhonchenda
    poltron   hadoguere,   haguideguere   saindoguere
    pomme   sgahiona
    pommier   sgahiona ohonda
    pont   gaskohi
    porc   Ksiukkyieh
    porc épic   Onheta

port   port   les navires
port pour les vaisseaux   teha kontonhiondakksu   kahonhsagam
        porté   Kanhoha ,   porté Enetini; hagachtö
je porte une charge akketi sakette hoquette
    apporté ,   teha na dehierondayaggsark nioro
je porte un enfant keehatins chiehatins chagehatins
+ je pose   gaguien gachieu gahien   pau cela la
    je possede , haguier sayer hoyeu   to idgieu
+ je me porte bien.   hiachtente haguiatagens
  comme te pons tu   hagaken chten te sayatagens
                                yel chkenorkun teha chenhek
portion ; hagat chiokya   satchiokya   hatchickya —
portrait   hekonehan
possible   kahges   ahgalou
cela n'est pas possible   hiate hages ahgatou
je lais mon possible   dequeskkenhiyano decheckkens dehockhi
                                                           he
je couls la poste   degaratlas   grisenhagi ; decharatles cherigenk
je poste degueniew, kederondonk chiderondonk chagederondonk
  pouce   Chionkaha   yn pau hotgikte
poudre, poussier   hoguenra   hogentgen
poudre a tirer   hoguenra   hechousshgasta
je me poudre   gave tesseroverach ; chatetesserocherach, hatel
il fait de la poudrerie destleges   Osienggalaso
poudrerie de poupiere ,   Stagenorstas Stagenerstaggen—

Po

pot kenehëta

            se boit   cela
potable   ahié vegnistha tihato

potier   henehëtonniaha gtara

poudre   hote tessesem hyi

poudreux dehioguen hrango

poule kitkit   poulet kitkit gstgachin

poulin karondanentyik tchichtatienha

poumon   hënagen ,   jaimal aux poumons hagnagxanon tax

        le sponte henenchigue gatouries

            ne dit point hut
   pour   pourquoy   hot gari honniaha , yel hosin nayé

pour lors tokue

pour pre maladie ,   hogankyäha

pourpre Couleur ,   nigtagui gona

poury   hötkuen

cela se poussé ,   okkens , yel hyatkenha

poursuic Keskere chessere chagachere

pourtant pourumy, serp par peritrass

pousse quelqi chose kreggach cheregach karegach

pousse quelcun Keyaba reggnih cheyarareggy chagoyate

pousse quelcun about , gagranhagga gachranhagga

                          gaharanhagga

pro

poutre   kanoncharakksi
pouvoir je peux   hagatónsek satónsek hatónsek
              pr   pr   pr

prairie   kahintin   pré id;
cela se pratique   Neto nigarikotin
précaution,   dehia goya toretti.
je prend mes précautions, deguiatoretta dochiatoretta dehayatoretta
je précède   Kendé chendé ahendé
je presche   Kedahanik chedahanik chagotahanek
précieux . .   ganoron
précipice   horon sent ginguí
je tombe dans un précipice, guiatincha teha hoton sentginguí
précisement   Keladgik
            je sai   ce qui doit arriver
predire   jepredis   saktagumsek teha non dayagensere
je préfère   kekonnienchta chkonnienchta chagokonnienchta
je promedite ce que je fais Kenonktonnionsk Jcha ni guiorha
                   dnanenjenis dnana tais dnana ises
je suis le premier ohenton gata ohenton sata Dhenton hata
premièrement   d'entierenta
la première fois que   tiotierenti
premier né   hagoanen

pr pr

Φ＊ prend ἁγιὼ je̊ ʃole

Φ＊ prend ce qu'on me donne quiena chiena hayjena ＊prend
                                                             ẅena
il s'y prend Bien   il s'ai acquis bain hayenk tcho ny hayesha

je my prend Bien   quehienk cheyenk hakienk

il s'en prend a moy   hagri hostanik

Φ＊ m'en prend a   Kirihostanik cherihoslanik horihostanik

je m'en prend a toy   gonrihostanik;

     il me prend pour, on dit; ilcroix qqen je suis;

je prepare qqchose   Keyennoktanik cheyennoklanik hayennoktanik

je me prepare a   gadeyennokla chadeyennokla hadeyeninokla

            prépositions

près auprès touchhenha | chéz lui taba enonchiayen
de ça   garo | dans   hagonga
de la   chihagga | contre   degaraneguen
Entre nous d'ehayeialaneguen | sous   hagonga
par la   pen hagga | an deDans kenekuen
Entre ___ ashenendgik | le long   aktalile
durant   chesilow, | pour, sans, si, j' Rose
apres   onaguese | ◦ iens ◦ oins
près dé   aktic | tous près tügrato

je ʃais ʃpresens dans un Conseil Kueʒyennendusek, cheyennenu

je ʃais ʃpresens Kehiahgu chehiahgu chagohiahgu

je suis présent ici, ɨnkɛhion, snɣkɛhion, chagokɛhion,

ɸesuis présent guideron chideron henderon

dis a présent onkken gxatö

je présente y. ɸedonne

ɸepresenne quelundes, Keyatɨnonɛktaɨ cheyatɨnonɛhx chagoyatax

ɸepresides toi ɸ haguetaa is satan ahonha liotaa

je suis présomptueux, gatalkonnienchla chadalkonnix hadalkonnien-
yel gatalintuhae

presque Onen guenhsa

presque filste Kahgennaguí hen

dans la presse, Kendiokkya guehya

ɸepresse quelychose dega enseteh, yel Knitta chnita hanita
j'aprime

ɸe press quelundes, dekenon gariahata, dekenon garia deshagonon

ɸesuis pressé, degaknon gariahino desanon gariahson, dehonon

le temps presse dehienon gariahat

ɸesuis prest, agadeyennektahi desadeyenneĸtahi dehadeyennek

ɸepreste quelychose, Keyenniasek cheyenniasek chagoyenniasek

c'est-ainsi prétexte nugga rakke ahienra tona, huguiera

prêtre, haniaskyiro

je prevois, detkiatoretta deʈskiatoretta detkayatoretta,

contre-prevue, tehit karigahiri

Pri — Pri   136

Je prie dieu   gaterennayenha, chaterennayenha, haterennayenha

prince   de Roy   fils
           Onontio gona   hohaʒak

printemps rasí   kengeité   aussis tehioguenhondion

prison   ondadenhotonkya

Emprisonner   kenhotonk, chenhotonk, chagenhotonk

prix hors de prix., ossenehiroanen

pris   onhahiénaen , &c. ondadenhotonk   Entermé

prisonnier lignum   kenachkya

Je fais un prisonnier   kenachkonniaha, chenachkon,

Je delie un prisonnier, kecharondaggach, chesharon, chagothar,

de quel prix cela est il   tonio Jonchera

a quelqu prix que ce soit , tochiggan tiha neyot stachernkeh

proche   louskenha   Pro

Je proclame   degatkenhretta, dechatkenhretta, dehatkenhretta

Je prodigue, gatiesen, chatiesen, hotiesen.

la terre produit des ronces, hotonni hokikta   il vient devenir justis gendgiague

Cela m'est profitable, gatkenhgatta, chatkenhgatta, hatkenhgatta

Cet arbre profite hotirontatisnoré

Peu profiti, id. Cela m'est profitable

pro   pro

profond   agonhgadgyk
profond padonidiau   Onodess
ma proye   de gagadendchai
viande proye   garhagonha
je prolonge   huiyennio cheyennio hayennis
je me promenne   ggati quesha ggati chesha ggati resha
je promets   Neto teha ni quiera   Neto teha ni chiera
                                    Neto teha ny hayira
prompt de corps   hoyadadel
prompt d'esprit   Onigouradel
prompt Colere   honakyenelken

pronom

Moi   i   Mon   i hagagen
toi   is   ton   is   Sagen
lui   ahonrha   Son   ahonrha hogen
nous   onguionrha   Notre onguionrha onggagen
vous   dgionrha   Votre dgionrha   Sgagen
Eux   ononrha   leurs Ononrha   Onagen

pro

je prononce bien — guegennio chegennio hahgennio
je prononce mal, guegennahetkuen, chegennahetkuen, hahgenn.
a propos adskgi, quand donc, gaston ti
de propos deliberé tendahionnaguwatta
a proportion tendahion dendaten naguwatto
je propose kerihgahiennik cherihgahiennik chagorisakis
je suis propre gnenio ehnenio hanenio
je protege keyasterista cheyasterista chagoyasterista
protector y asseurer
je prostitue kotehinadonekkon
provision de guerre ondennatehera
je fais mes provisions gadennatiheronniahes, ihadesse hed
prunes tichionk
prunier tichionk ohonda
pruche arbre ononda

pu

puant kasennahetken vel kagrao
age de puberté kokehalaseha
en Public kendiokkga gué vel kasseragué
je publie kerihonati cherihonati harihonata

pu pu

pue   tegaichotonik

puedo   hiate henakkga hinseri

pudigi   id. 3el hiate hayerin

peppus,   guiatagras ehiatngras hoynlagras

puis   teha holgientakkga degachtinsatonk

pepuise do l'eau guegienta shedgienta hesgienta

puissants;   hayennio teha hanaguire

pulmonigi;   honagga ronyakh

pulverisé dsgahritti

punais;   hanionchagras

pepunio;   kerehyatta eherexatta chagorehyatta

punaise;   hedgiktoya

pupille;   kakonha okonchotti vel hiate agonhek
                                        gonhadektukk&

je purge,   dekeyadiatongottakkga — — — —

pur;   hiate degayeste

purgatif;   Ondadiatongottakkgata

pus apostume; Otkinseri

pustule;   dehia gotarhganik

            ~   ---   ---

Supplement a la lettre P.

qua — qua

Quadran — garakkyichiakik

Quand senton, je Ne sçai pas quand senton guigsen

Quarante — gayeri Nisassin,

le quart, gayeri degayagni.   demander quartier
                              yoyeo yiter

Quasi, hen,

quatre — gayeri

quatorze — Ouassin gayeri kahré

Lequel, chongaa   lequel de ceux la
                  Canen ny hayaten

Que ne; hot nen: garihonniosha

quesceque cela hot nen nsahautin

quelque chose — chlenehonka

quelque peu, nionka

quelques jours — togaha Nisentagué

dans quelque temps — togaha Nisentaguek

quelques fois — Onderinhaguen zel ssatigueha

Queleun — dgiadala chonka

Quêquerelle kédachgeheno chedachyahens chagadashyahens

Quas querir, guesgaho chegsahé hagsahé

Questionné gatarondonk chatarondonk hatarondonk

deguoy est il question hot neyaksenha

Quitté yoyi, j'abandonne ou je laisse ou je jette
je sais quitté sagalogya sachatogga; yet akkuroktiĝ, pour de plus

qui esce   chon nen
quiconque,   tochegüena sky keyadotenhak
quinze,   hyisque kahre, gassin
                cinq   de plus dix
quoy,   hot onk

quoiqu'il en soit   Nekeyahyenha hagsa
queue Outinra   Queue de poisson g'tachia

Ra ra

Rabaissé   yoyés abaissé
je rabaisse y abaisser   Rable oronkyëna
je rabas de prix   detkonnenta detchonnenta detronnenta
je racommode skecheronniaka tchecheronniaka, skachos
je raccorde   kenigouracheroniaka, chenigura, chugosugonna
je racourcie skeggatta tcheggatta shaggatta
je rachepte   sknenonk   tchninonk   shaninonk
rainure   Ouktera
                                                        racte
je rale   Keguetach cheguetach haguetach, Kaguetan
je raconte   gatoria   chatoria   hatoria
je radote   degagnehienha desanihienha dekonihienha
je rafermie   sknitta   tchitta   shanitta
je rafraichis skanochta tchanochta shanochta
rafraichi   skananochta

Ra   140

jeunage; haguriendachon
La rage, hageriendachon Ragout degagararith
Je rajeunis, skadekshagoanaha, thadetshagon shadetsha
Je Raille   gsennores chgennores hagennores
Raisin   Chiongsisera ; avec Raison garigakierik
par de la Raison, toguerk teha sigueira, toguerk tehany chiera
                      jevai avque je lais   lunus uti ta fais
Je Raisonne haguëtaha jataha kotaha
Je ralie   skediokkya rorerk tehediokkyarorerk tchagodiokkya
Je Ratonge   skonehta tehonehta shonehta
Je Ralume   skategata stehategata shategata
Je Ramasse   hagnongsenteh chenongsenteh hanongsenteh
Je Ramenne   skedironné tchedironné tehagodironné
Je Ramolis   krodinehta chrodinehta harodinehta
Je Range   heren ksita heren skxita heren haksita
Rapide   Kanagahra   au bout du Rapide
                            Kanagaguenhiata
Je descend le Rapide haguennagenti hatié, chennagenti is ahenne
Je mont le Rapide   hagnoragi hatié Sanoragi hatié hanoragi
Je Rapporte   skien hné Schienhné shayenhné
Je Rapporte   agarondé teha ny hayera, gol keyatgenna
                                                      tendi
Rameau   onerattonta
Ramier   tehiourhoya

Ramage des oiseaux: garioha hottsga

Je ramonne   gatavaguegack chotavaguets hatavah
Chemine Ramonnés gataraguesen
    Rape   heraniette
Je Rape   graniek tchraniek haraniek
    Rampan   Kayatarissere
Je Rampe   haguiadissero Sayadissero hoyadissero
    Rançon   dehiondadiadakksata
Je paye Rançon   kekariakeh Icha skayatakksen
Vaidele Rancunne, hiata Isaknigonrhens Sayongnigenratsatt
    Rang   ile nonspoint de Rang
Je suis en Rang   Kasinhragué hikta hichta hata
Je Me Range   heren gatksita satksita hatksita
    Range toi - heren saeksito

Je rapelle   Skerinha Icherinha Ichagorinha
Je Raconte ou Raporte skatoria Ichatoria skatoria
Je Raprend   skadeysnolanik Ichadeysnoj skadeysnotank
Je raproche   garo skyita sakyita shakyita
Je Me Raproche   garo sagatksita Sachatksita Sahatks
    Raquette   kahsenguha
Je Jas en Raquette de kakksengarondadies, desagen, dehosen

Ra   Ra

Rare gaguenhrö —————— Rás onhendoskon

Rarement ggati guesha gunsj gagonranha

Rassade gstaregra — — — — — —

Raré, Kagenhenti — Je Raso un fort : ganatagatshonk,

Je me rase, gadatenus kerogaronih, schadas; hadatenos,

Je Rase, kenoskerogaronih, chenoskerogaronih shayoneskero—

Raspir Ondadenoskerogaronta

Je sois Rassazié agatö Sattü hottäi

Je me Rassasie gatanha shatanha hotanha

Je Rassemble, skeyatkennichiatta; tcheyatkennichi & totsagoya

Je me Rassois skatienha tchatienha shatienha

Rat, tsitenha; Je me Rassure, Songnigonrayendanha

La Rate, oskgechia — Rateau, Shentennialk deganotgienda

Je Rature skiatonggach tchiatonggach shayatongynh

Je Ravage degenhtsentgiaritta dechonhtsentgiaritta dehenhtsents

Ravine Ohionhenta hiron.

Je Raviser denskiatoretta dentchiatoretta denshayatoretta

Ravoir sgaguien shayen shöyen — — —

Raye Kayanaty — — — — — — —

Rayé id. ej. Ke Skaraguesen yel Otraguesen.

Ra Ra

Je Raye j'essuie   skwaguegack   scheraguegack   sharaguegack
Je Raye   quianata   chianata   kayanata
Raye a poison   ahara

Je fais unne Raie   kaharonniaha chaharonniaha   aharonniaha
Je tend unne Raie   kararoch   chararoch   hararoch
Rayon   8tinharotü

Re ReB

Rebatre redire, je rebas,   skarigata   kingya   skalona   (la meme chose je repete)
Je Batis   iknonehonniaha   yiknonechonniaha   shanonchon
je Reblanchis,   skrahestonniaha schrahestanniaha   sharahes
Cela Repondis   dek8adek8ya
Rebord aktatü, yelaktau;   de Rebours, okarahettn
   rebroussé, dediok tatkion;   rebouché skatihiaron
Je Rebut   A8ek8ahenti
Je Rebute (quelcun) kegennondies   chegennondies   chagogennondies
je Recolle   gasseta   ganenchkyen   chasseta   hasseta
Recent   assés
Je Reçis   guienach   chünoch   shayenach
Je Rechappe   skeniaguens   yeheniaguens   shoniagueno
Je Recharge urhusil skaguenrocken   skondahach   (un canot symets des)
Je Rechauffe gaelgichen   skatarihata   stehatarihata   shatariha
Je me Rechauffe   sgadiatatarihata   tehadiata   shadiatala

Re Re Re

Je Recherche skeehakeh schechakeh sretkakeh
Je Recite gatoria ehatoria hatoria
Je Recidive detkala sagenha deckala dathakalasa
Je Reclame saguiensenha bagasen sachiensenha sagou-
temp. de Recolte teha ni keyensgagsash
Je fais Recolte gnoragyash ehnoragyash hanoragyash
Je Recommande kodgiaronk chedgiaronk chagosgiaronk
Je Recommence dondagasieienta dondachadieienta dondahati.
Je Recompense gatoenhrackeronk chatoenhrackeni hatoenhr
Je Reconcilie, skenigonvacheronniwha tchenigonra, tehagonigen
Je Reconduis skederoroni sehaderiruw sehagoderoni
Je Reconnois shienteh sehiendes sehagoyendes
Je suis Reconnoissant, Skagarhao teha ongushionlbek
    jematsusine queur ma sontagé
recognitté dziokgenouri
Recoudre sknikonk schnikonk shanikonk
re Coupes itkiakeh irehiakeh shayakeh
re Couvre keniendu eheniendu haniendé
Recousu skanikonk
Reouvert skakoronsi

Re Re

1. Recouvrer — skohronk sehkohronk shakohronk
2. Recouvrer — skohrine sehkohrine shakohrine
3. Recréé — gadatenigaroriaha chadatenigom hadatenigonest
4. recrie — hagyennäta sagennäta hagennäta
5. recris — skialonk tehialonk shayalonk
6. recueille — skniondaggack tehniondaggack shaniondaggack
7. Recuis — skritta tehritta sharitta

Reculé — dediotennen

8. Recule — heren kkyita heren chkyita heren shakkyita
   vel kalentkach chatentkach hatentka
9. Reculons — schonnt haggu

10. Reuse — yoyez jerebuti
11. Redemande — skeyarondonk sehyarondonk shagoyarondonk
12. Redige — dondagalnanetta dondachalnanetta dondahalnanetta
13. Redis — yoyez jereute oujerebar
14. Redonne — skeyahgu tehiyahgu tehagoyahgu
15. Redouble — doskiaseraha deschiaseraha deshayaseraha
16. Redoute — koragyack chetagyack chagotagyack
    se fais redouter — koragyatta chetagyatta chagotagyatta
17. Redresse quelqu'un — skyarongyack chagratingt haggatait
18. Redresse lui qui parle — kerihoensek cherihohensek chagorihou
19. Redresse le corps — gadiataggarick hianek, chadiata hadiata

Re Re

qu	Reduis *absolument*	kegarenniaha	chegarenniaha	chagegarenniaha
qu	Refais	skechevenniaha	schechedenniaha	shachedenniaha
qu	Reforme	skenhotonk	sehenhotonk	shanhotonk
qu	Reflechis	deskiatontta	dischiatotetta	dithayatontta
qu	Reforme	deehkdenianch	derechtenianch	dishannianch
Je me	Renfrogne	degaskonchkerich	dechaskonchkerich	dehaskonich
Je tu	Refroidir	sknanoehta	sehnanahta	shanánahta
qu	Refond	skavagenta	sehnavagenta	shanavagenta
qu	Refugie	skennaguerateh	sehennaguerateh	sahennaguerateh
Je	Refuse	deyaknonhianik	desanonhyanik	dehanonhianik
Je	Regagne	doncagatonehaa	donsachatenchaa	donsakachaerta
Je	Regale	gateniotta	chateriota	hateniotta
Je	Regarde	dekkahras, yel	gadkattyack	chakkattyack, katk
Je	Regle	grigacheronniaha	chriyacheronniaha	hariyasheronni
qu	Regne	v.r. Commande		
qu	Regorge	haguesenniet	Saehenniet	Ochenniet
Je	Regret	anhatenk		
qu	Regrette *honorete*	guenhatenka	kohsendahi	
qu	Regrette *qulqye chose*	guenhatenha	chenhatenha	henhatinha

Re Re

J'Rchausse	henken gniontä	ehniontä	hankontä	
Cela Rejaillit	ya'dyatogen,	tsang rejaillie ya'detkyensögen		
Je Rejette	s'yagadi	Sesadi	sahadi	
Rejetton	oskseya			
Reine	ononti̊o gora	Rhöna		
les Reins	oronkyena			
Je Rhinse	goharek	ehoharek	Roharek	
Je Rejoins	deskranegwenk	deschranegwenk	dehkranegwenk	
Je me Rejouis	agatorhahra	chatorhahra	hatorhahra	
Je Relache	dondagakta	dondasakta	dondahakta	
Je Relache yoys Je dessiu	grinchonk	chrinchonk	harinsk	
J'ai relation avec lui	gayaserirohora	dedagnitria		
Je Releue	deguekkyatä	decchekkyatä	dehakkyatä	
Je me Releue	dondagaskenha	dondacheskenha	dondahaskenha	
Je Relie	skringach	schwingach	sharingach	
Relie	skahrisa			
Je Relis	gayasencheragonsa	dekkahra		
Relligieux	goyatateguessi			
Reluisant	deryotatek			
Je me Remarie	sYaguenniakeh,	Sachenniakeh	Sahenniakeh	
Je Remarque	gatenientenha	chatenientenha	hatenniente	

Re Ré

144

Remede	Ononkyatchera			
Je Remedie	kedgienta chedgienta chagedgienta			
Je Remenne	& je reconduis			
Je Remercie	gaweriachevon chateuriacheron hateriochera			
Je Remets	skien tchien shakien			
Je remets prolonge	grigesta cherigeota hariγesta			
Je Remontre ajoutant	skeyenstasik tcheyenstasik tchagayenstasik			
Je Remplis	deskkahronek desk chehronek deskharonek			
Je Remparte	onsackkahya onsachchahya onsahahahya			
Je Remie	gaweriaberont chateriaberonk hateriaberont Cela remie			
Renard	Skennakchen			
Je Rencontre	gatkaberanha gatchaberonha satkaberanha			
je vas à l'Rencontre	katwatta kwi chatwattakwi hatwattakwi			
Je Rendre	sakeyon sacheyon sahayon			
Je me Rendjavine	sagweion sachion sahayon			
Je me Rend je m'unis a ui ui	gwadion chwadion hwadion			
Cela Rentle	sondohya hutié			
Je Renforce	sakkgiekeherinha sachgiek cherinha sahagieks			
Je Rengage	skarenhanha tchatenhanha shadenhanha			
Je Renonce	sagrihondies sarihondies sharihondies			
Je y Renonce	shadgendeta tchadgendeta shadgendetta			

Re   Re

Je Renoüe	skringach	schringach	sharingach
Je Renouuelle	assé shonniaha	assé chonniaha	assé honniaha
Je Rentre	hechionk	hechionk	hechayons rentre onhadgion
Je suis à la Renuerse	haguehatahi	sachatahi	hochatahi
Je Renuerse *quelqun*	kechata	chochata	chagochata
Je s'qu'un Renuerse	kahrisi		
Renuerser	hikrich	hichrich	kaharish
Je Renuoyer	keyatendietta	cheyatendietta	chagoyatendietta
Reparer *V.* Refaire			
Je Repasse *l'iureuiere*	skatongotta	tchatongotta	shatongotta
Je me Repend	gatatretgatta	chatatretgatta	hatatretgata
Je Reperds *quelquechose*	songatan	sesatan	sahottan
Je Replace *V.* Je Remets			
Je Replante	skeniotta	tchaniotta	sahenniotta replante sahenniotin
Je suis Replet	hagaven	saven	hasen
Je Replie	dekchaktonch	tsochsich desnchaktonch	dehatschukt.
Replié	dedgiotchaktan		
Je Repond	saguiheron	sachiheron	sahenheron
Je Repose	agadenrichchen	sadonrichchen	hadonrich
Je suis en Repos	chkenon	guideron	chideron	hadenon
Je Repousse *quelquechose*	skaniotta	tchaniotta	shaniotta
Je Repousse *quelqun*	keyatareggach	cheyatareggach	chagoyata

Re   Res   Ret

Je Reprend v. Je Reçois

Je Reprend je Corrige, Kehresatta chehresatta chagohresatta

Je s'represente jnimentos Keyatchatanik cheyatchatanik chagoyat—
                                                    Melino
Je Reproche keyalonothra cheyatenota, deKerene, karenggat—

Je Repudie keyaseggatta cheyaseggatta chagoyaseggatta

Je Rescrue hagadensetta chadinsetta hadensetta

Je Resiste gnagorao chnagorao hasagoras

desnio Resolu gateriatha yol agnigonratchanik

Je me Resous agasadenni gonra chatti shasadiseairs hatadenirs

Je Respecte gnoronkya chnoronkya hanoronkya

Je Respire gatonsier chatonsier hatonsies

Je Ressemble skehierdin yehehyerin sahoyerin

Je Ressere sknierta tehnirta shanirta

Le Ressort yeyonkehakton

C'est de mon Ressort ki hagriya

Je me Ressouviens Sgagarhas dgisarhas shorhas
                                     g-oila L resta
† Le Reste Okoschota   nello ny dgiotatenri
                         je vend   anji janois nol
Je Restitue Kehiahga gneskgenna

Je Retarde agatendongotta chatendongotta hatendongotta

Je Retarde quelqu'un keyendongottanik cheyendongottanik, chagoyen

Je Retiens quelqu'un keyatadinchta, cheyatadinchta, chagoyal—

Cela Retentit jahotenna hechta

† il n'este nuarum toporenu, Onguebinori jjaiduriotigatatenrases

Re   Re   Re

r Retire prati   aguiendus   sayendae   hayesedas
1ème Retire   dondagatontka   dondachatontka   dondahatontka
Cela R'étombe sur moi   ongaderiyakienhas
Retoucher   skiata hechta   chiata hechta   shayata hechta
je Retourne   onsagué   onsaché   onsahoé
Je Retranche   shoragyack   schoragyack   sahoragyack
Je Retrecis   skehtonata   sehehtonata   shahtonata
Je Retrousse   gandatch   chadatch   hahadatch
Je Retourne (retrouve)   skorieh   sehorieh   sahorieh
Rets   Raye
                                              rien pour accomplir
Rêve   gousterapyen   degakkahrahi
Je Rêve   gaterapyack   chaterapyack   haterapyack
jai fait un mauvais Rêve   ongreberentakchoucha
je Recueille   keyeyatta   cheyeyatta   chagoyeyatta
nous Recueille   yagniek   yachiek   yahiahiek
Je Ruelle   griyatachia   choiyatachia   haviyatachia
je Revend   skeninonk   seheninonk   shaninonk
Je Reviens   hiogué   hichú   hisseré
Cela Reverdit   sagat gikkyaronen
Revers   agonhyagonhya
je nio Reveur   gaterapyahonk   chaterapyahonk   haterapya
Je Reunis   gassonderaha   yet skata skonniaha
Je Ruoio   skegurnka   chegurnka   shagurnka
jeme Ruvolte   keyenna chyabeno   chegenna chyahno   chagos
Je Reussis   ongatono   hesatono   akotono
Je suis en Rumé   gapakha   chapakha   hapakha

Ri   Ri   Ri

jesuis **Riche** gatchogona chotchogona hotchogona
jesuis **Ridé** sagaschkonchkeri saakonchkeri hotkonchkeri
jesuis **Ridicule** hagrisagunniata sarsagueras hosagueras
Rien kiachsen
Je **Ris** .. guiondiaha chiondiaha hayondiaha
je **Risque**, gariekkon chariekkon hariekkon
ilyaduRisqi hotteron yeldehyodenonkianitti
Rivage kinhion actatié yel gasintwaktotti
River dechrongaraktonih dechrongara dechrarargaa
Rivière skenhiongalé

Ro

Robe atiatayitchera
Roche onenhia
Rôder gsatigusha grasichesha grasiwsha
Rogner dechiakek dechiakek dehayakek
Roide kohniri roide apigi hiati Ragarenhos
Roidir v. resserrer
Je **Romps** deguiakek dechiakek dehayakek
Rompu degayagui
Rond otgenossisi
Jefaisla**Ronde** guennatatateseh, chennatatasies, hennata
Je **Ronfle** deguenniongaha dechesniongaha sesnion—
Je **Ronge** gueehtiondoganench, cheehtiendos ahastiendos
Rose hodjidgia hahagui
Rossignol kariehkensé
Je **Rotte** guenniadiakek chenniadiakek henniadiakek
Roti oskonga

jetais Rôtir   gadeskonta   chadeskonta   hadeskonta
je Rôtie   Kechtiendaritte   tchechtiendare   hachtiendare
     Rouge   Qugentarogen
je Rougis   Qugentarogen   onkonchazenha
je Rougis jetais   Qugentarogen   gazock, chazocki, hazocke
     Rouillé   gakonstariqui
je Roule   Karhatinion hatié,
Je me Roule   gadiata guenrick   chadiata guenrè   hadiata
jaile Roupie   gadginonkerota   sagginonkerota   hagginonk.
jaide Rousseur   agazkichtenotoù   Kekonehegué
     Roussi,   Ohens silategueso
je Roussis,   hakens silategach,   sahens silategachy   sahentsit
     Route   tcha Rheyeno   yol tcha Rheyotelinon
     Roux   Oheza Ri honon Rgerôtiù.
          Ru
     Ruban   Ononhgn
     Rüe   Dionata gyentatié
je Ruer   Keyatasintyack   cheyatasintyack, chagoyant
Je suis Ruiné,   hiachtenté syaguien   Jayen hoyen
     Ruisseau   ny Kerhiaha
   serais Rusé   hagnigonradeck   sanigonradet   Onigonradet
je Rut,   tcha degondatcheres

          Sin de la lettre R

Suppluemens a la lettre R

Sa   Sa   Sa

Son, hä   Sa.ö   Ses hö   Yel ö nusuminin

Sable .. onëha

Sabre .. assaregöa

Je Sabre

Sac gaiarä   kayetta   atatan   nmedicim dagmere ganata

femele a Sac   keyagentyaik   chagayentyaik   chagayagentyaik

Saîran   hotgikkya   onsökkya

Je Saigne du nez   daguenionkach   dechenionkach   dehenionkach

Je Saigne quelun   dekenintcha heekta   dechenintchar dechagonintchax

Je fais un Sacrifice

Je suis Sage

Je suis Sain

Saindoux   hohna oguyari

Saint .. gayatategunsi

Je Saisis   hokyaih   chekyaih   chagekyaih

Salade   henerattaih

Sale   gastaggarigui

Salé   karchiketakkahyi

Je Salis   hagyarokaih   chtaggyarokaih   hataggyarokaih

Salpêtre

Je Salue   kenonronkyanion   chenueronkyanion chagononronx

Saline   gichera

Saliner   Ysrasher

Sandale   chiragan hotahya

Sa Sa

Sang hotkyinsa — de sang froid gahennigenronniaha

Sanglant hotkxinsoganha

Sans nesedussoina, sansxuuo Ondie uune uolu ouuuno hotspotluue

je Sanglote gassintxack chassintxack hassintxack

gedme Sanguis quenkensoanen chenkxinboanen honkxinboanen

Sans faute gategunschihxnu; Sans doute, hagxack

Sans retardement gxendoktin

Je suis en sancte.
j'aie Sacul dunin, hagnonxahatoin, ___ henon xahalanta je sauta gualuun
j'suis Sacul duuiande hagatai, Jesauasin gualun keranheo

Sarcelle cisean

Sas onakla

Je basse gasexack chatexack hauexack

Sapin arbr- ossohru

J'avois Satisfait gaschennonni charchennonni hotchennonni

je satisfais, Kxyatchennonsiata cheyatchennonniata chaxoyat

Sautier shalakkxa nskonk

Sauue Conduit gayatenchiru ayondongollakRsu

Saule O setta

Saumon gackiona

Saumur gaschiketa hoknega

Sauson oyenchero haretta

je sauonne guienchero hareh chienserohareh hayenchero h

Saucnnette henoskerohavetta

Sa Sa

Je Saute dujour galrakkoch chatrakkoch hatrakkoch
ma Saute agotsa
Sautisse hoyonra digahynrilli
Je Saute deguennackkzakkua, dechennackii dehenaeka
Saunage ongyehonhso
J'ai me Saune skeniagueno seheniaguene sheniaguene
Je Sais Sauner

Sc

j'en ai Scauant gnigonroanen chengonroanen honigonroanen
Je Scais guenneri Yel guenonkronk, yel aktoguenka
Onne Scaurois hiale hahyet
C'est a savoir ongatoguenka
je ne scaipas hotegas, yel kiali aktoguenka
Scelerat, ongyodahosken gona
Scie Deyenkzenyariatta
Scié
Je Scie, degorinha dechorinha dehorinha, dekehyenguronnh
Scorbut ononchiotska
il Se & hatat, il se tue hataderio

Sc Sc Sc

Sec ourhen Bois sec onjendasen
Je sais Secher guerhara eherhata harhata
Le Second tegni yatonta
Je Secondegmtenn keyarichkenta cheyarichkenta thagoyarich

Se Se

Je Secoüe gahgatch chahgatch hahgatch
Secoué gahgagui
J'ai du Secours henhesek chenhesek changonhesek
En Secret dassetigui
Je garde le Secret grihyasetta chrihyasitta harihyasitta
Je divulgue le Secret
Seditieux
Je Seduis Kenigonrodaggach chenigonrodaggach chagenigonr.
Sein, henonrachiagué
Je Sejourne Kendokta chendokta ahendokta
Seize , hayak iosgahin hayak kates 3
Sel hovchiketa
une Semaine niadespaini itan coinptins guspartou
Semblable, toniös
Je fais Semblant akchoretakkya sachoretakkya hashoretakkya
il me Semble guerhé
Semé ganagten
Semer gnakhu chnakhu hanakhu
Semence ouinchta
Sens après ontaharokkya hoyaronda
Le bon Sens hagnigonraggegui
Sensible hagakkahrin sakkahrin hakkahrin
Je Sens etter hagueshach sachgach hosgach

Se   Se   Se

tu ten sentiras   Engi Sarharanha

Je Massois   gahienha chahienha hahienha   ssio ter
                                                        Sahtien

Je separe qu.ion.   dekokachionch   dichekachionch   Deshagaka

Je separe mychew,   deguekachionch   dochekachionch   Dehokachio

Sept   tchialak   leseptiem   tchialak otonta

Septante   tchialak stignssin

Sept Cent,   tchialak Oegenninh'gs

L Serein, öhgahia

Jesuis Serieux   Jegatkenignerenti Dechakkengue we dehotk...

Serpent   gsarichta

Serpent d'eau   hanadonk

Serpent a Sonnetes   chegynvenda

Serpent au long Corps   shayadess

Serré lié,   Kanitti

Je serré   gnirta chnirta hanirta

Je Serre je Cache   gasseta, chaseta, haseta

Serrure   Enhötong'ka

Je Sers qu.dem. Kijnnughask,   vel. Ongnenhas, hesanhas, hon au hau
   je endo.miew   je.ndo.miew

Je Me Sers a mangé   gatademnik,   chatademnik hatademnik

il me Sert de pere, ska geb Knihö

Sève   Ongah gen

Les arbres sont en Seve   Ikaranahgen

Se Se

Seuere   ohyennadel

je Me Sers d'cela, gueektan chochta hiachtra

je ne m'en Sers pas   gayerati

je suis Seul   agonrhyan   sonwhyan   ahonwhyan

je n'ai qu'un Le Seul pas   nagra heguenha

Seur   gaioguen,   je suis en sureté hiate syagatheiens

à Coup seur

¶ Sceur un autre   Kononrachin kaleyack,   chenouin   chagoxen

Sexe Masculin   hehroncharha

Sexe Feminin   haiginn chouka

Si Si Si

Si né   Si cela est vrai, né togueehigga heguenk

Si tu ne peux pas   né saniorono

Si tu ne veux pas,   né ihetri hia

Comme si tu en avois,   né hasayendak

le Siege   hagrasek sarasek korasek

faire un Siège   Kenara

selon le Siège   d'onagnienkaktaea donsachmieiakhza

Siege pour s'asseoir   Ontiendakkza

¶ Sifle   gnagareraik chnagareraik hanagareraik

Signal   sa hontosiendenehta

Si Si Si

151

Je donne le signal
Je ne signalle
Je fais Signe, teyenniatack chiyenniatack, chagoyenniatack
quelque Cela Signifie hos nya hautū deyawiendinchtī
    Silence tiwisnona   dakgendierin
Je garde le Silence tiyagatierim ti antierim tihatiwira
    Silencieux tihotierin
J'interromps le Silence ~~los...~~
    Simples herbs hononkyah chera iteon
    Simplement nayya hoguerha
Je suis Sincere hiate hagnoyen hyade taroyen hiele tearoyen
    Singe Onyen gakanchondakkyi yel quieenyaha
Je laude Singeries, degatierenniask dkehatierenniask dak...
    Singulier & Rare
    Sinon nayé gan
    Sirop d'Erable Oranah yendaguen
Bien Situé a hon hyeshgia gensti
Belle Situation oyensti
    Six hayak
    Six fois hayak nion
    Sixieme hayak otonta

SO   SO   SO

jesuis   Sobre   hiato skeguirha   hiato chniguirha | hiato hnonywiehri
          Sobre a mange   nigakkyaha   nichakkyaha | nihakkyaha
          Soc   dehia go on hyenkgiovinehta
jesuis   Société   dehyagadieshte   desadieshte   dehodieshte
          ma sœur ainée,   akchiha   ma Sœur cadette   keguenha
j'ai   Soif,   gonriatno   chonriatno   ahonriatno
je   Soigne,   gaehteriesta   chasteriehta haehteriehta
          Soigneux   haehteriehta
jesuis   mais Soise   gadiondiata   chadiondiata hadiondiata
          le Soir   tetinren
          mais au Soir   hendaggeketchihyen
          Soit   nio
          Soisante   hayak nigakiso
Jesuis   Soldat   haguechkeuraguettas sachkenrat   haehkesurat
          Soleil   garakkya
          Soleil levant,   garakkyinkens   Soleil couchant, de gatehody
          Solide   hiate honagorach   garakkya
je   Sollicite   heskenhatanik   cheskenhotanik   chugoskenhot
          Sombre   dehio dassondariagui
j'ai   Sommeil   haguitakeh   saistakeh   hotakeh
jimrenp   le Sommeil   here serintoriaha   cheri serinta   chegoteveria
          je Somme

SO   SO

le sommeil   aguenhiate
Son, Bruit   8ekak
Sonde   Ontiniendinehtx
Je sonde, gatenienrenha chatenienrenha hatinientinh
Songe — gaterassien,
Je songe Y Je Rêve gaterassyack chaterassyack haterassyack
Je songe Y Je pense querenktenniont chenenktenniont hennenktonny
Je sonne une cloche kyichtondatha chrichtoniatro nhyichtiso
Sonnette   Ehyichtondatakhya
Je suis Sorcier gatahennahack chatahenenhack hatatiesenahack
Tirer au Sort ondik jouer
quelle Sorte d'homme esce   hot ni rongyedôtiro
Je lais En sorte yihenniaka chrihenniaha harihenniaha
Je sors   Skiaguenha sihiaguenha shayaguenha
Je lais sortir skeyagueno deheyageno dehagoyaguero
Je lais sortir Voyez je chasse quelqu'un
Sot   hade
Souls Y Saouls
Souche   hokehina   ilyahenne souiho hokehissoto
Je suis Souis
Je suis Souis pas, hiachtense querhé cherhé orhé
Je Soude, gassenderaha chassenderaha hassendwaha
Je Resouds en plongeane, gatenissyach chaten..s hatonro

SO SO SO

Je Soufle garondateh charondateh harondateh

Personne ne souffle, kekonehaheh chekonehaheh chagakanehaneh

nisoufre

Je Soufre hagronhiaguens saronhiaguens heronhiaguens

Je fais Souffrir Keronhiaguenta cheronhiaguenta ehagoronhiaguenta

Je Souhaite, guerhé cherhé ierhé

Souillé .. Onletkenti

Je Souille keskenta cheskenta hatkenta

Je Soulage, Keyenargaseh

Je Soule Voyés, Saoule

Je Soulleve de terre degueksata dechekxata echaksata

Soulier attakxa

Je Mets mes Souliers Degarattacta decharattach dekarattach

J'ôte Mes Souliers, degarattachionh decharattachionh kekarate

Je raccommode Mes Souliers, garatkeranch charatkeranch haras

Je Soupçonne quelcun, Keraseh cheraseh ehagaraseh

Je Soupe Onondax degarottaieti

Je Soupese gatementeula libany Onkehti

Je Soupire gatanries chatanries hatanries

Souple pendant de bois Okario

corps souple hayadased

So

Source — onasaöta vel otenekeräta

Sourcil, hekakksa hannü

Je suis Sourd — deaassegni dechassegni debassegni

Je Souris — aquiendiaha sayendiaha hoyendiaha

Souricière — tehitenha gayenten Souris tehitenha

sous dessous — agenhsa

Je soutiens — gniktakksa chniktakksa haniktakksa

Soutien appui — ka hniktakksi

Je me Souviens — Isagarhas egisarhas Isarhas

Je fais Souvenir — keyarharatta cheyarharatta chakeyar[...]

Souvent, — chetechon vel vioskont

Joye — Dginonha hotikonchichiashi

Sperme — Onenha

Spirituel, hönigenta

Sq

Squelette — onhrönich

St

Sterille — hiati hadektonk

terre Sterille, hiatenti satonniau

Stupide — hödé

Su Su Su

Submergé òhnòdon

je Subarne k...igenrodagsack chenigenrodagsack chagsnig...

spirituoud Subtil agueyennadet cheyennadet hayennad...

Suc Oranaçenta Sucel ustudinde Ohere

je Suce gotgiekek chotgiekek hotgiekek

Sucre Oranaçenta gagi

Sud garenkiahen hagsa

je Sue, desaktonksahas Desadonksahas Dehodonksahas

je Sue dans une Suite gueniyonk cheneyonk oneyonk

Suffisant hadat konnienehta

Suie Ohaguentö

Suif O sichia

mon Sujet agongseda chongseda Ronayeda

je suis Sujet sou... Sa onquieras Sesayeras Sahokieras

Ensuite chi hagsa

2 Jours de Suite d' Tesendo Noguen

tout desuite gasonni hatis

Avenir Dans la suite agsa honaguen

Su   Su

Je suis guideron chideron hienderon
Je sui kenonderadies chenonderadies chagenonderadies
Je suis nonpiké keyanenhaksa cheyanenhaksa hayanenhaksa
Superbe kanays
Superieur hagosanan
Superstitieux hadehsa grihsa hienton
Je Suplicie, keriock cherioch chagerioch
Je Suporte, Sakketi Saguette Shoguetté
Je Suporte v. Soutrir
Supprition, Ennoyenta
Cela Suppure D'iotkensenoriki
Je Supputé v. je Compte
Sur dessus hentken
Je suis surchargé haguechtähne Sachtähne hashtähne
Surplus ketgiokenchöta
Je Surprend
             tanonni
Cela me surprend hagnigenkenheyon
Cela est surprenant Sanigenkenheyat
Je suis Suspect
Je suis en suspens asongsa nanti saguierisa

Sy

Syrop axanasentagueri

fin de la lettre S

| 80 | Ta | Ta | Ta | 155 | 80 |

tabac oyengsa   tabatierre oyengsatakkwa

table pehsengatos ondekonnialos

tableau ongwé heyatase

tache manue chnara

se tache gnoserach chnoserach chagenoserach

se tache

taillant a tache hahiastaqué

pierre de taille kanenhia cheronni

se taille en pieces l'ennemi voyez piece –

coupe par piece

se metais hisagaterien hisanerien hihotierien

se talon herasjané

tambour kahenehera

se tambourinne konehera heche chonehera ti hahenehera

tamis onakta je tamise

tandisji seha hen hahonises

tant hetonian

tant queje l'aurai seha hen hionise engenhek

tante agrahak sarhak horhae

tare

tapisserie seyeyenehera lonkwa

se tapisse deguieneheralonek dehienehoralonek kaye 8

Ja   Ja

tard	onen	Ögask
tarie	osté	
petaris	guestala	chestala hachtala
tas	Agate	Sel haguëhram
Semels	Entas, Behranhas	theranha, Sharanha
lass	Snignirhala	alaien
petate	quenniadatek	chenniadatek henniadatek
Atalons		
taupe	Eginiagarichas	
Lauréau	bent Vierhanchhgaranh	non Trenti Onhanchinta
jai Fait sur l'œil,	hagnacha	Sanacha hënacha

Je   Je   Je

Peleins	gasack	charack hasack
Vinture	onsäxxa	
Je suis themain	gatände	Jatande hatande
tempeste	Gagennolaties	Oustara degandiechti
le temps	Ouenda	
il est temps	Onen haran	
il n'est pas temps	Ason haran	
pour quelq: temps	Endgienipan	
Beau temps	Ouendio	vilain temps Ouenda hotken

| | | 156 |

il viendra un temps endsendendieu
sont dans temps kengxata
dans quels temps kendgik
depuis le temps teha stia honissi
De Notre temps hagonhenion (sons g mis) hotiguin (eure qui donne tem)
De leurs temps Celaeté: hotonhsensgianni tetchigari   (hotin
Tendre Mal Öhrodin
pelendun filet gataarok chataarok hataarok
pelend un ligne aatchirok chatchirok hatchirok
petend un peau queseratonk cheseratonk haseratonk
petend un fusil kkhonratonk chechonratonk hachonratonk
pesiens guiena chiena hayena
p.me tiens debout iktos ichtos hatos
pl ne tient qu'à toi is enchennonktonk
Tente epanillon Kagarinha ganoncha
pe tente je debauche kenigonredagsack chenigonsh chagoni
Terme Born Kanedgiöta
Terminé Onterigichiokti
Cela se termine la tö Öterihokta
Terni hiato dehyostatek (pas etois)

Te   Te   Te

Ternis (manipulation)   gadatkenronnianz   chadatkenronnianz   hadatk...

Terrasse   Keyontgendes hahta

Terre   ohella   toute la terre   gensgia   askgui

Terroir   ohella

Te   thémoigne,   gri satachionh   chrisatachionh   harisatanh...

tête   ononsaa   ledmanne skentgiagué   hetkonsel...

Je casse une tête,   Kenongariakonk   chenongariak   chagenen...

jerompe la tête,   Kenongaktanik   chenongaktanik   chagenen...

tête a tête   Deyadenon karonyners

la tête de l'armée   Kanenragunhiales

de tête   gnonguerha   chnonguerha   hanonguerha

Je donne a tête   Kenonguerhate   chenonguerhate   chagenen...

Téton   Ononrachin

Ti

Sau tiede   Onegatasihen

lien sprind   ksa gel Egiena

Je tiens   Aekero na degayagui

tige   ohionsaa

tigre   Rendachenk gena gel guenhraik

Je suis timide   gauchens   chauchens   hauchens

tire Beure   Enenhialakksatai

Se Tire quelqu'un... gatironta chatironta hatironta
Se Tire un fusil kechonrahgach chechonrahgach thathon..
Se Tire quelqu'un heyatatironta cheyatatironta chagontan
Se Tire au plomb degrondaryagsach derhrendaryagsach dehiyon

Tison allumé chenkène Tison mort ossn...

To

Toi is
Toit de maison ganonhakohronhki
Toison de Mouton Tiotinagaroilon hogannga
Tombe henonta
Se Tombe guintenha chiatenha hagatenha
Se fais tomber kedaguerratta chedaguerratta hagadaguerratta
Tondu kanenhiagui
Tonneau ganaxkoanen
Tonnere gachasaganders Sel hihnen
il Tonne hihnen hagennatates
Se Torche graguehgach chragnehgach haraguegach
Torchon heraguegachta
Se Tord kyadasek ehkadasek hakadasek
Torrent Onahkute

To   To   To

Tort - tortu   agoechaktenx zel deyo'thsnion
hai j'ort i   angisanhik
Tôst trop tôst   coûager
Touchans celas   haguesau hakksi
Je touche   Keniotas cheniotas henniotas
je suis Touché, de gagnigenrancusun desanigenrare de honigenran
J'ay touche   aquiataneguin chiataneguen hoyataneguen
Toujours&s   Viatkont
Tour
Je fais le Tour degatsatassé ichatsatassé dehatsatassé
unne Tour   ganigastetu
Autour de la ville   dediodenalotassé
tour atour   Dgziethinialo chargué
Je suis Tour   keyeronk cheyeronk chageyeronk
                 pieds
Je Tourmente dekeyeronnionk Decheyeronnionk Deckagayeronsk
              guittems
Je tourmente   keranhinguenta cheranhinguenta chaguenesk
               impatiens
Journé   Ouskarhatsen
j Journe   kkharhatyack chkarhalyack hakarhatyack

158

Je Tourne autour   gatsalaseh   chatsalaseh   hatsalaseh

Tourterelle   tehiourha

Tousse   gesakha   chasakha   hasakha

Tout   aggekehihyem   γ' el agsegui

Je Donne Tout,   gueehatta   chiehatta   hachatta

Tous les jours   hadesentaguek   tous les mois   hadesennitaguek

par tout   grati gagyegui

Tout a fait   hadgagnida

Tr — Tr

Trace   onhati

Je Trace   guianata   chianata   hayanata

Je Trafique   Degatatahse   dechatatahse   dehatatahse

Je Trahis,   dekenigonraseraha   dechenigonraseraha   dechageni

Traitre   dehanigonraseraha

Trajet d'eau   deyehiayakta

une Traine   gasserita

Je Traine   gasseré   chisseré   hasseré

Je Traine quelqu'un   keyatisere   cheyatisere   chagoyatisere

Traire,   gnongsalakksach   chnongsalakksuch   hanongyack

Trait flche   kahickkaa

Tr

Traile (majeur)   sahayendakksa

Je traile   gatenniota   chatenniota   hatenniota
je l'estime

Je traile des marchan.   gatenninonk   chatenninonk   hatenninonk

Je Traile je soigne   Kedgiens   chedgiens   chagedgiens

Traitte   dekenigenrassera ha

Jaspère le Tramontane   gnigenrattenta   chenigenrattenta   henigenra...

Je Trame   grikenniaka   chrihenniaka   harihenniaka

Tranchant   Kahienta   tranche de viande
                                  Dgio Dgiokyata

Une Tranche   hegichientakksa
pour couper longlan

Je Tranche   Ksichienta   chsichienta   Shahsichienta
de la glace

Je Tranche   dekyararitta   dehyararitta   dehoharatitta
de la viande

Tranquille   Sehkenon   henonktennionk

Je Transfere   heren Kahsitta   chasitta   hasitta

Je suis Transi   haguia dondakta   saya dondakta   hoya dondakta

Je Transplante   Skeniota   sehenista   Shaniota

Transporter   id. transferer

Transporte de plaisir   desagueniadisonk ?eka ongenhsesksa...

Je Travaille   haguiodé   sayodé   hoyodé

De Travers   degaronhsa

En Travers   dedaigt   dgieniada teka na deguiatto

Je Travers   dekeyatongotta   dehyatongotta   dehayatongotta

Tr　　Tr

je Traverse,　deguionhiakek deehionhiakek dekayonhiakek
je Traverse　degonniakek deehonniakek dehonniakek
Je me Travestis　agoyagatiadendakksa

　　Trefle
　　Treize　sassin aihenkakré
　　Tremblement de terre　ahkentgiondata
je Tremble　haguiadondata
je Trempe　gnanagenta ehnanagenta hananagenta
je suis tout Trempe　haguiatanager Sayatanager heyatanager
Je trempe une hache　Sakgahegya askenhia
je Tranche　hreinack ehrenach harenach
　　Trente　achen niyasin
je Trepasse　guiheyons ehiheyons henheyons
je Tresaillis　je transporté de joye
　　Une Tresse　ogisstensaata
　　Tressé　karnokiondi
je mets en Tresse　gnahktensoronniaha ehaektensoronniaha
je Tresse de la filasse　giraektensmiaha ehraskentions havaeker
je Triche　hagsennata ehagennata hahsennata
je Trie　degoriachionk deehoriachionk dehoriachionk
je Triple　hachenk nienk achen nön Songotes
je suis Triste　gnigenrahenken ehnigenrahenken hanigenrah
　　les Tripes　oyenra

Tr   Tr   160

Troc ondasatahgi   Bon troc daondatatahsihio

Trois achen   Trois a trois achen chon

Trois fois achen sion   D'etrois entrois scurry
                        achenchon nenguin hatis

Je trompe quelcun kenigonrhatanik chenigon etragenigi

Je Me trompe hiron sia gateia
important

Trompeur   hasigourhatu

Trompette   hotonragyaton

Tronc d'arbre kehinota

Tronçon   degogagui

Trop   hisoadgik

Je Troque degasotahgo dachatatahgo dehatatahgo

Je trotte ksakhé chtakho hasakhé

Je Trouble gnegate chnegate hasegate

Je Trouble kendgenegia keskensa chonksenegia chgenegia
lesiure

Je Troublé hasigonratten

Je Me Trouble degasatnigonrahgenrick dechatatigdehataks
besgarlant

Je fais un Trou kehasonniaha chechatonniaha hachatonnia

Troupe kaninhra

Je Trousse kehedesedagyach chekedesedagyack chegakeds

Je Me Trousse gadekavichehianch chadskav hadeka

Je trouve gorinha chorinha harinha zil gachennin

Je uas Trouuer sakeyatorinders sacheyatonin se sachegoyaten

Sr   Sr

Je Sr̃nue Bon   onkkahya   jagroune
                                             hagrhsi slot

Je me Sr̃nue Bien   agazchunnenni   aazchennenu   hazchennenn

Je Sr̃nue aRedire   Keyatoendeta   cheyazaendeta heyata...

Sr̃u

Sr̃uite   Kanrdgiouk gônu

Sr̃uie   Ksiekksieh guenkrou

S'u

Su tũ ; is

tuĕ   genharie

Süe   grieck   cherieck   harieck
un Sote

Se Süe   herieck   cherieck   chagerieck
qua...

Je me Süe   gataderieck chanaderieck hataderieck

Suycau   Kahasadakkyen

Sumeur   ödehsa

Sumulte   gaskennichiahi gadewistahu

Sierbalent   hadehevihsa hientin

                    Sin de la lettre S.

Va

Va,	sassé		
Vache	tionhonekksavons	guenhren	
Vacher	tionhonekksavons	hasterista	
Vagabond	gsari kiens		
Vague	flot,	ôteta	
je suis Vaillans	gaseriaks chativiata	haseriata	
Envain	hia tärhgaton		
je Vainere	henenianik chenenianik	chagnenianik	
Vaineu	onhavenian		
Vaisseau	gahonhagasen		
Valet	ontadenhas	*mon* konhas *ton* chenhas	*son* ehagenhas
	en latin	*julalum* *tutalum*	*itlilulum*
Valoir	....	en	iodatoljueti Bon
je fais Valoir	keprinkaroenianh	dacherinkaroennianh	dekarinkhas
Van	Onakta	Jegarere	yosj jesatte
je tire Vanité	gadatenayetta	chadatenayetta	hadatenayetta
Vappeurs	dehyahsennahsi	*Val* deyatchaklônksajen	
de la Varie	kolkzadondies		
Vaste	onkehsen	Vasto forest	gashatakehsen
Vantour	gsihien	gsihien	

Ve

Veau	tiochackgavons	tehiektatinha	
je Veille	gadiegalta chadiegalta	hadiegalta	
je Veillé *job serve*	keyastaviata cheyastaviata	chagoyastaviata	
Veine	holginenhiata	galkgendata	
Velin			
Velu	gaikonronni		

V. C.　　　V. C.

Je Vend	gadenninonk	chadenninonk	hadenninonk
Vendre	gadenninon
Vendeur	hadoralh
Je Venge	gavasientenhach	chavasientenhach, hatutierolens
Je Venge (demande)	Keyentenhahyi	cheyentenhahyi	chagayentenhah
Vanisseux	hal kan
Venin	hatkanchera
Je Viens	daqué dashé dahré
Je Viens voir (visiter)	gnatavve	chradatré	hanatave
Je Viens regarder	quektenknè	chehtenknè	haktenknè
D'ou vient que	hôtenna
Vent	gaaren	Ventfroid trané Ventchand Osatarihen
il Vente	Orandon	Vel ga verandio
Le Vent est devant	dehgagueragaronhyé
Le Vent vient arriere	hagnechyaven hatié
Le Vent est Bon	gaariö
Le Vent est mauvais	gaarnhetken
Je Vente je loue	dekerinsaronk	decherinsaronk	dechagorin
Je me Vente	gadacerinsaronk
Venimeux	honidensatri vel gadenhiehta
Ventre	k'siehta vel kehonta
Ventrie	Onkrichkaven
il est Venu Ieyon, Iaquien
Verd	hetyinkraa
Verd'être	Otginanhya　　Verre a Boire

Ver   Ver

Verdir
Cela reverdit   ochiarginkuariagui
   Quand les Arbres Verdiront   tcha nen gatzinkga rondro-
   Verge me virit   Onera
   Verglas   deyohsichonda
   il Verglace   deyohsichondahatie
ft. Verifie   grihierichiah, hehrihierichiahsh, aherichiakeh
   Cest la Verité   ngreeh togueeh
   Cela est Veritable odeisagnennien
   Verjus   oyongsiuera asonte ohiari
   Vermeil   honkgentä hatagui
   Vermillon   oggenrehera
ft. Vernis   gregosseraeh chenegosseraeh hanegosseraeh
   Verni   genegoserahgi
jaidis Vermine   akkariakeh sakariakeh hakariakeh
   Verolle   ondektelä, jaite haguitkrotik tias Sainkehrteh, ila hoschrodeh
   Verat   Kgichkgich deganhenehiata
   Verre   henehaehera henganirhata
   Verouil   henhalongka
   Verus   ononheta   jaides Verius haguarhetandu
   Vers ducoté   hagsu   Vjesta Nen hagga
   Versé   Kahrihgi
   je Verse   hehrich hiehrich hiharieh
   ft Verse apoirs   henegaranih chenegaranih chagenegaranih

Ver

Vertueux	Ongsedio hiaskem té heyerise
Vertiges	akeharaz sachaios hochans
Vernenne	
Vessie	Onhenha
Veste	nitiala hsischern quaha
Vestiges	heyana
Vêtimens	onkohronta
Beau Vêtes	sadiate hsilta chadiate hsilta hediatet
Vêtu	hodiatahselli Vel geveronni
Laveïer	hegarra
Huila Veïer Bosen	hegarrio
A la Veïer	heyöquens
apperte de Veïer	hadogogavattes
Vent	hotchrechieh, gotchrehieh
Venne	. . . . .

Via

Viande	sakra
pyam Victoire	goyes yainere
La Vie	ganhekliyi
Se Ronsula Vie	heyonhereh cheyonhereh chagoyenhereh
Eau de Vie	Onégadgihyaquen
Viel	onkenha, haquekehtenha, sekehtenha
le Viellis	gadiadiekhaek chadiadiekhaek hodiadiekhaek
Se Rend Viel	gadiadiehatta chadiadiehatta hediadihatta

Vi — Vi

Vierge — hiale ganakhsayender

Vieillise, — hagayonhi

an Vif .. gankyenra rinhen

Vif subst. heyadalu

vigilant — haguesdesiaron, chestesiaron hasteniawen

vigne .. chiengrisena Chenda

Vigoureux — gengyedasiri, changsedasiri, honggedasiri

Vilain — querken cherken aherken

Vilanie .. odachonha

Vilage — ganatan

Ville — ganatzanon

Vin — holgidgia

Vinaigre — hodgidgia hieyodgieh, hakiedgiehta

Ving — tegapen. Vingtième tegapen gatontas

Vingtaine — teongapink

fr. Violle — y. je trousse p. le tens. hehedehedagyach

Violent, — haguerharen sarkaron harkaren

fr. tris Violent — heyadesihya heskentas

Violet — oronhiahen

Violette

masc — Viril y. Virge

Vis anis — dehiotoguensi

fr. Vise — gadaperonniaha chadaperonniaha hadaperonniaha

Visible — hognens—

Vi

je Visite   voyez voir je vais voir
Vite   garhögué
Je vas Vite guianoré chianoré haynaré
Je vais Vite gueknoré cheknoré hreknoré
Je Vis ,   gonhok chanhok rianhok
des Vivres Ondennachera
Je fais des Vivres gadennachronniaha
j'ai un Ulcere hagueiotarannion
Ulceré   gontarounion—

Un

Un unekas Uel Skala rienquine Skatagra
Un seul hou. Sayadata
l'un des deux, Sayadata Ba Dehiatagué
ny l'un ny l'autre Hiachongara Nelo Dehila
l'un et l'autre Veigiaress
Uni   gonnehori Bel Degataggentess
Unis   dehtagsendenha dechtagsendenha Dehtaggadenha
uni joint Skata hogotank
Voicy Nengayen Yo parlandun homme nerhata
le Voicy id.
le Voila tegayen Bel to hata
Voile   Onsinchonatakkon
je Vas ala Voile hagationaherotaté, tatienchden hationes

Vo - Vo

Je hisse la Voile   quiencheru quenktzachi
Je bats la Voile   quiencherinia chiencherinia hagnecherinia
Je Vois,   dekkahony   Vol galkalkgack
Je ne Vois gante   Dekkagsegui
Je fais Voir   Kenatonnik chenatonnik chagonatonnik
mon Voisin   dehaguiennanchaneguen dedginanchagi dehinanchati
la Voix   cheinna
la Voie chemin,   ontengektaksa
    Vol larcin
    Vol d'oiseau   gàdie
Je tire au vol   keyoyaggack cheyoyaggack hayoyaggack
    il s'envole   deshöden
Je Vole je derobe   quienkksack chnenkksack hanenkksack
C'est ma Volonté   haknigenra danigenra henigenra
Volontiers   Onguined
Je Vomis   desagunniagsack dechenniagsack dehenniagyack
Vos Isa   Votre sa
Voulair   guehé   chehé   vehé
Vous autres   Isa oucha
Voyla   Nen

V r

Vrai,   garisateguan
Vraisemblant   gadu heguna hon
Urine
pisser   } V. pisser

Ʒs · Ys

Je suis Ʒsage   saguendasik Saindasik ahendasik
- a quel Ʒsage   höt akicchta
- Ʒsé degakrisé Ʒel gagayonti
- L'use Kgayonta ehkayonta bagayonta

Ʒt   Ʒt

Ʒtille   diotkenti hochta

Ʒ Ʒ

Ʒʒide   a hägen
- Ʒʒide   Kʒenionek chʒenionek hatenionek

X X
Yʃ Y

Y tö   il y est
- ʃy ai été   te saguetti Ʒel te gagakten
- Quy a-t-il, ñöt onk,
- il y ena quiʃ hodiak,
- les yeux   segahen
- yure
- j'enyure } Ysaoul
- n'Ptenyure

yurogne   Onegagachta,   Knegagachta ehnegagachta
    Zephir   onnrai Ʒel horadé

fin du dictionnaire

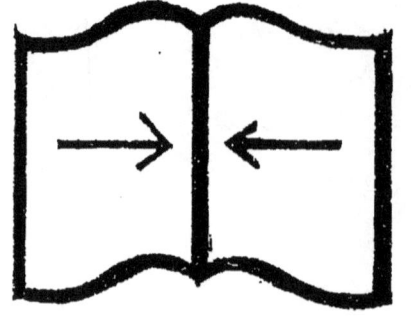
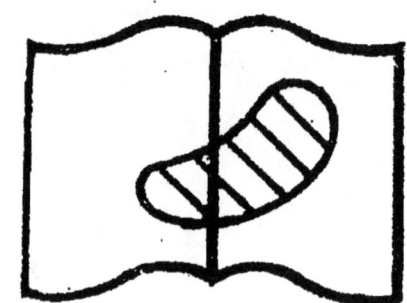

RELIURE SERREE
Absence de marges
intérieures

Illisibilité partielle

VALABLE POUR TOUT OU PARTIE
DU DOCUMENT REPRODUIT

Contraste insuffisant
NF Z 43-120-14

www.ingramcontent.com/pod-product-compliance
Lightning Source LLC
Chambersburg PA
CBHW060651170426
43199CB00012B/1743